AF462981

HOMMAGE

à

RENÉ GHIL

PHOTO CHOUMOFF

A RENÉ GHIL

J'ai vu la Mort : elle est franche
et brutale et belle et sans joie
— La lune, du faîte des branches,
surgit vers le grand ciel froid —
      La Mort, sur le seuil — où l'on songe
d'une vie moins vaine qu'un rêve —
s'arrête et son ombre s'allonge
comme la traîne d'une reine ;
      On s'est levé, déconcerté ;
mais l'Hôtesse a franchi la porte
vers la sainte intimité
dont notre âme se croyait forte ;
      Elle frappe, au fond des demeures,
à la chambre où nul hôte n'eut accès ;
sa robe humide effleure
la main lasse qui pend au chevet ;
      Elle ne s'est pas assise
au foyer, comme une amie ;
elle est froide, comme une église,
banale et belle, comme la vie !
      Elle est sortie, vers la lumière
et vers le soleil dieudonné ;

la fleur d'août, la rose trémière,
s'effeuilla... D'autres moissonnaient,
    d'autres, sur l'éteule brûlée,
élevaient, vers les chariots d'or,
sur la hampe des fourches ailées,
les gerbes de messidor ;
    la Mort a passé ; Elle est belle
et majestueuse et sereine ;
mais, Dieu puissant, que fait-elle
de la moisson humaine ?

FRANCIS VIELÉ-GRIFFIN

FUNÉRAILLES

I

Le Sublet : la maison du Maître, le long jardin que longe et prolonge la voie ferrée, que peuplent les arbres fruitiers, les fleurs exotiques, la vigne. En moi chante la *Nuit aux Terrasses :*

> Les Etoiles et les Femmes : sois les moi toutes
> ô toute-Aimée ! sois les moi douces...

Ainsi tout à l'heure, au rythme du train qui traversait la campagne du Poitou, écoutais-je en ma mémoire les chansons qu'il écrivit là :

> Et toutes elles se sont tues
> les batteuses du grain des soirs...

Maintenant, nous gravissons les marches de la maison rose : j'y entre pour la première fois et ni sa voix ni sa main tendue ne m'accueilleront. Seul, à gauche, parmi l'odeur de la cire et des gerbes, le haut cercueil, luisant comme un meuble. Est-ce lui qui dort là ? A travers le chêne ciré nos yeux scrutent l'espace étroit où pose sa tête, mais ne voient rien. Nous ne pouvons imaginer. N'aurons nous plus que les portraits pour évoquer ce front, ces cheveux, cette bouche fine, tout ce visage, expression de la noblesse ? Non. Le souvenir sera plus vrai, qui dira les mouvements du corps et la parole. Mais le cercueil l'obstrue encore.

Un bond souple, un sinueux déhanchement, un ronronnement : la petite chatte « Souka » est sur mes genoux. Il l'aima jusqu'aux derniers jours et la caressa longtemps au creux de sa poitrine avec une patience fidèle. La vie, son culte, demeure au pelage tigré de bistre, aux yeux fixes, voilés de rayons verts. Réchauffée de la sienne, qui s'est dissoute, petite et confiante, sous cette forme féline et frêle, heureuse devant le catafalque, elle porte le message de sa pensée et de son émoi : elle continue après lui...

Alors le glas est entré par les contrevents mi-ouverts avec une bouffée de verdure lumineuse. Les mêmes cloches sonnèrent son mariage. Elles frappent, elles s'attardent, elles sont cruelles. Leurs harmoniques soulèvent des vagues dans les nappes de notre détresse. Et nous écoutons en les écoutant l'écho de son labeur et de sa foi, dévoués à l'Art et à la Science, comme à ce qui lie le plus étroitement le destin de l'homme au devenir universel.

Autour du Sublet, la petite cité Melloise étend son chaos de maisons, pourtant en ordre au bord des routes. René Ghil, il n'y a pas trois mois, s'y promenait encore allègrement. Le soir, il portait à la gare son courrier de la journée. Il tenait sa canne sans s'y appuyer. Il s'arrêtait pour rouler une cigarette et l'allumer. Il causait avec les bonnes gens. Il respirait l'atmosphère humaine et naturelle de la campagne où s'était déroulée sa jeunesse. Ainsi parvenait-il au seuil de l'imprimerie, où son vieil ami, M. Goussard, l'accueillait avec bonhomie. Parmi les tables, où lui-même avait appris à lever la lettre, s'intéressant aux affaires de la maison et à la santé de chacun, autant qu'aux épreuves de *Rythme et Synthèse* ou d'un prochain livre, il devisait, en souriant au fécond travail qui répand la pensée...

J'ai vu aussi le village de Rabalot, où il passa une partie de son enfance, jusqu'en 1870. René Ghil avait alors huit ans. C'est là que plus tard, un jour de « batterie », il vécut son tragique poème :

> Mourez, ô les Mères ! mourez du
> cœur !

Et c'est sa propre grand' mère dont il retraça « les agonies » et fit la rude oraison funèbre :

> Vous autres ! elle a été la Femme-Forte
> qui sur le seuil assise sut garder la porte
> de tout malheur et de tout étranger...

Oh ! comme il était bien resté, lui si proche de la terre et si imbu des nécessités primordiales de la vie de la planète et du cosmos, dominant et englobant toutes vies, le petit « rabalotin » de jadis, aux grands yeux, aux cheveux noirs et au large front !

II

Je me le rappelle à Paris. Chez lui, un soir de 1912, la première fois que je le vis, avec Jean Martel. La montée de la rue Lauriston, la voûte sombre, la traversée de la cour, les quatre étages. Puis le grouillement oriental de ce cabinet de travail qui devait me devenir si cher. Un monde y vint à ma rencontre : couleurs, formes, reflets, lumières. Esprit du lieu, en qui s'en précisaient l'harmonie et la riche signification, René Ghil, image de grandeur, le poète dans sa maison, l'hôte accueillant le néophyte.

Le buste en marbre, que devait plus tard sculpter Loutschansky, n'existait pas. Mais les murs s'ornaient déjà du fusain de Marcel Lenoir, stylisé sans excès, qui fixe réellement l'effigie.

Qu'importe ? L'essentiel de cet intérieur échappe à l'aride inventaire. C'est l'atmosphère qu'il faut recréer, l'impalpable frémissement d'un air qui n'était pas le même là qu'ailleurs. Il y flottait, parmi la fumée du tabac et les vapeurs du corylopsis, autre chose que des parfums, fussent-ils le plus rare encens des cassolettes et des baguettes odorantes au clair-obscur des pagodes. La présence du poète avait imprégné non seulement les objets, mais encore le rythme des atomes et la danse des impondérables.

A l'abri du monde et au cœur du monde, au-dessus de la mêlée et au centre de la mêlée, en plein Paris, dans le quartier de l'Etoile, René Ghil avait dressé le rocher de son âme inexpugnable et de sa sagesse. Les vagues y venaient déferler. Ce n'était ni la tour d'ivoire, ni l'indifférence de l'art pour l'art. C'était le recul immédiat de qui veut voir les choses sous leur vrai jour et, sans parti-pris, sans faiblesse, à travers le temps et l'espace, prendre conscience.

Tout cela, on le savait dès le seuil, et, confusément, ce premier soir, je le pressentis, tant était puissante cette ambiance de travail spirituel qui se saturait sans cesse. Je me souviens que je lus alors à René Ghil trois sonnets dont il garda le texte. Il m'écrivit ensuite à leur sujet une lettre qui valait mieux qu'un article et qui, dans ma pensé et dans mon cœur, lui mérita le titre de « Maître ». Les écrivains qui l'ont connu diront comment il répondait à l'envoi d'un livre ou d'un manuscrit, avec quelle attention il s'efforçait de pénétrer l'œuvre et devinait les intentions, combien, en nuançant les critiques que sa sincérité lui imposait, il donnait à son correspondant l'impression de la communion et l'éclairait sur sa propre personnalité...

Que de fois, depuis, suis-je revenu rue Lauriston ! Aux vendredis, avant la guerre, j'y ai vu, dans l'opacité bleue de la fumée, de pleines chambrées de littérateurs. Poètes, critiques, romanciers, ethnographes, linguistes s'y rencontraient. Tous les pays, ou peu s'en faut, étaient représentés,

La vivacité des polémiques des temps héroïques s'était apaisée. Les anciens des *Écrits pour l'Art*, ceux de la *Phalange*, alors en pleine prospérité, quelques-uns du *Mercure de France* s'y côtoyaient et discutaient. Comment oser citer des noms ? Je suis sûr d'en oublier. J'ai connu là le rare et disert Sadia Lévy, Martineau, épris de Tailhade, Louis Pergaud, avant et après son Prix Goncourt, Van Bever, Mme Alexandra de Holstein, Mercereau, Edmond Durocher, fervent de Samain dont il montrait des autographes, le poète russe Volochine, des hollandais, des syriens, et des peintres, et des sculpteurs.

Et voici 1914. René Ghil se souvenait de l'autre guerre. Ses parents, avant qu'elle éclatât, l'avaient amené à Paris. Il devait y subir le siège, assister à la Commune. Il se souvenait. Et il ne voulut point, ailleurs que parmi ses livres, attendre les nouvelles épreuves. Du village de Seine-et-Oise, où il se trouvait en vacances, il revint à la veille de la bataille de la Marne. Les mois, les années passèrent. Je le vis au cours d'une permission. Il souffrait, dans sa pensée et dans ses sentiments. Par-dessus tout, il s'indignait. La paix arriva : les retours, les deuils, la vie qui reprend. Tout de suite ce fut *Rythme et Synthèse*, l'enthousiasme de la fondation, que j'avais porté aux tranchées, en captivité, et que partageait le Maître juvénile, revivant ses débuts.

Et il y eût les réunions mensuelles du dernier dimanche. On y retrouvait ceux d'autrefois que la vie ou la mort n'avait pas éloignés, et des nouveaux. C'étaient, en particulier, parmi tant d'autres, Marcel Batilliat, Gaston Moreilhon, de Zeltner, Noël Bureau, Charles Cousin, Georges Jamati, Gabriel Brunet, Alexis de Holstein, Sibe Milicic, le poète serbe, Mustoxidi, qui essayait d'appliquer à l'esthétique la méthode expérimentale, Constantin Balmont, retour de Russie soviétique, Mme Essaïan, Nicolas Beauduin, Antoine Orliac, Marcello Fabri, Mme Halina Izdebska, Edouard Dujardin, Francis Vielé-Griffin, René Morand, Henri Strentz, le prince cambodgien Areno Yukanthor, Henri Hertz, Marcel Gromaire, Marcel Roche, Stoppelaere, Durrio, Loutschansky...

Les vendredis étaient devenus plus intimes, réservés aux fidèles, heureux, il y a seulement quelques mois, de s'y retrouver. Le Maître souvent ouvrait lui-même la porte. Je l'entends : « Bonjour, mon petit... » Je sens sa main sur mon épaule. Je le vois si vigoureusement jeune que l'idée de sa fin imminente ne nous effleurait même pas. Je le vois, assis devant sa table, face à la fenêtre aux rideaux orangés.

Son encrier de nabeul portait des dessins primitifs sur ses quatre faces, en rouge, en jaune et en vert. De belles pierres, l'une qui ressemblait à une rose, l'autre pailletée de cuivre, pressaient des lettres. Et René Ghil, les jambes croisées, se tournait vers nous. Quel irrésistible attrait, fait d'intelligence émue, d'allégresse dans l'effort, d'indulgente compréhension, de suprême tact, émanait de sa personne toujours soignée ! Une goutte d'argent filigrané brillait au milieu de sa lavallière noire. Ses yeux regardaient droit... Il écoutait... Il parlait...

III

Brusquement, le cimetière. A travers les rues de Melle, nous avons gravi des côtes. Et le vieux cheval qui traîne le char s'est arrêté trois fois avant d'arriver à la grille. Nous avons traversé la voie ferrée au passage à niveau voisin du Sublet. Nous avons longé des maisons, foulé la terre et le pavé. Il tombait une pluie fine qui s'est dissipée. Demain, il y aura du soleil et ce sera le symbole de la vie qui continue. Maintenant, il passe des nuages à la pointe des épais cyprès qui s'élancent du sol entre les tombes. Tout autour, la campagne. Des touffeurs de bois sur le versant d'un coteau. Une prairie. Un vieux toit d'église. Et l'horizon du Poitou...

On a posé le cercueil devant nous, non loin du caveau béant. Il faut que je parle. Le pourrai-je ? Je me raidis. Je veux, pour lui, pour sa mémoire, pour ceux qui attendent de moi des mots, qui ne seront, hélas ! que des mots. Et je me vois. Les feuillets ne tremblent pas dans ma main. Je parle. Ma voix est assurée. Comment ? Pourquoi ? Je parle. Je m'entends parler...

Il est des heures de douleur où l'on n'apprécie vraiment que le silence. Je ne veux pourtant pas laisser la terre se refermer sur le cercueil de René Ghil sans adresser à celui qui fut mon maître et mon grand ami l'adieu dernier, le suprême hommage.

Quel exemple que sa vie, non seulement pour nous, les quelques-uns qui l'entourions et qu'il savait aimer de tout son grand cœur et de toute la ferveur d'une pensée toujours en quête d'élargissement, mais encore pour tous ceux qu'un haut rêve d'art ou d'action anime et meut parmi les hommes. Alors que le moindre talent aujourd'hui s'exploite comme une valeur industrielle, René Ghil, fièrement et simplement, resta « le Poète ». Sourd aux sollicitations d'un succès facile, il ne dévia pas de sa route et il marcha jusqu'à la veille de sa mort vers cette étoile « en lui-même apparue », qui était sa conception de la beauté.

Pour lui, l'art ne se dérobait pas à la vie, ne s'évadait pas pour se complaire dans un vœu unique et stérile de perfection extérieure : il était action et pensée, il était mouvement et progrès. Fidèle à sa doctrine de l'évolution universelle, René Ghil ne cessa de chercher à prendre une conscience de plus en plus complète d'un monde dont l'homme est la voix et l'expression. Tout chez lui était sympathie, amour universel et communion, et il n'est pas jusqu'à l'accueil qu'il réservait à chacun qui ne témoigne d'un parfait accord entre sa conduite et ses principes. Et dans sa vie, comme dans son œuvre, pleines de la même bonté agissante, il fut digne de ce vers immortel qu'il écrivit :

Ma pensée est le monde en émoi de soi-même.

Comment donc séparer dans notre tendresse et dans notre admiration désolée l'ami du poète ? Ils ne sont qu'un. Mais si le poète est assuré de la pérennité de son œuvre, l'ami nous est ravi pour toujours. Aussi de quel chagrin filial nous unissons-nous à l'indicible tristesse de cette mère presque centenaire, à qui ce surcroît d'angoisse était encore réservé, et à la poignante douleur de la compagne parfaite de tant d'efforts, dont le courage, pourtant éprouvé, n'avait jamais eu l'occasion de s'affirmer autant qu'aujourd'hui. Permettez-nous, vous qui l'avez entouré d'une atmosphère pieuse et calme, exempte des troubles mesquins et des petits ennuis quotidiens, qui sont de si pesants obstacles au fécond labeur, d'incliner devant vous notre propre peine, notre respectueuse et tendre affection. Laissez-nous (c'est encore lui rendre hommage) vous donner une part de notre admiration, puisque vous avez collaboré, par l'intelligence de votre amour, à l'accomplissement de sa grande œuvre. Pour lui, pour nous, pour la poésie, nous devons vous dire merci...

Mais voici la montée des souvenirs ! Voici le maître, au milieu de nous, dans ce cher cabinet de travail de la rue Lauriston, qu'il voulut et qu'il composa, selon sa propre expression, « aux couleurs des Asies ». Voici son noble visage, son front large et haut, ses yeux noirs. Voici ses gestes sobres, mesurés, scandant la parole, fervente mais douce, indulgente mais ferme, simple quoique rare. Car il eut au plus haut degré le don de la puissance dans le charme et de la grandeur dans le raffinement. N'est-ce pas le propre du génie de concilier, pour créer de la beauté neuve, des caractères considérés par les autres hommes comme contradictoires et divergents ?

Son *Œuvre* qui demeure, pour des lecteurs de plus en plus nombreux, pour des lettrés, pour des poètes, pour des peintres, une sorte de livre sacré où l'on trouve, comme dans la Bible, la réponse aux questions posées aux heures de trouble et d'incertitude, son *Œuvre*, la plus vaste architecture conçue et réalisée depuis Dante, est aussi fertile en fraîches images, en notations naïves, en évocations directes, en richesses primesautières, que celle d'un Ronsard ou d'un La Fontaine. Ainsi chaque fragment de cette *Œuvre* possède une valeur double : celle que lui confère l'ordonnance générale et la sienne propre.

Bien plus, chaque poème, chaque chapitre du grand ensemble contient le tout et le suggère en son unité. Aussi, malgré nos amers regrets de savoir qu'au plan initial il manquera deux livres, avons-nous l'inébranlable conviction que cette *Œuvre*, inachevée comme toutes les cathédrales magnifiques, est achevée cependant au sens vrai du mot, au sens intérieur et profond, achevée, parfaite et complète : un cycle entièrement révolu.

Maintenant le temps s'en empare. Et c'est pour nous la restituer mieux, pour continuer le don que le poète en a fait au monde, à l'humanité, à la vie. Elle rentre dans la nature. Elle participe des forces secrètes qui, poursuivant son développement, multiplieront ses significations et la portée de ses répercussions...

Maître, vous vivez dans votre œuvre à jamais. Vous vivrez en nous tant que nous vivrons. Nous resterons illuminés pour vous avoir connu, compris, aimé, vénéré. Vos rythmes nous accompagnent comme les motifs surhumains du drame qu'est la vie elle-même. Nous ne vivrons pas une heure sans vous en devoir l'essence. Nous n'écrirons pas une ligne où quelque chose de votre âme ne subsiste et ne se révèle à nous pour nous séduire.

Et, lorsque nous cesserons d'entendre en nous la voix musicale et grave dont vous lisiez vos poèmes, scandés du geste de la main, c'est que notre propre voix se sera tue à son tour. Mais alors, nous le savons bien, vos vers chanteront dans chaque mémoire, le rayonnement de votre pensée s'étendra de cerveau en cerveau et vous aurez reculé, jusqu'à l'émoi de l'universel, les limites de la conscience humaine.

Paul JAMATI

QUELQUES HOMMAGES

AUTANT-LARA
P.-N. AUTANT
AKAKIA-VIALA

Quelle peine nous revient à évoquer, en cette douloureuse détresse, les magnifiques heures où nous travaillâmes ensemble !

Si l'œuvre de René Ghil, par son élévation et sa rareté musicale, se détachait de l'ordinaire désir de plaire, le vrai Public, par son affluence spontanée, son attention soutenue, démontra tout ce qu'elle contenait de sève spirituelle universelle.

Ces heures passées en commun nous émurent de son esprit si aristocratiquement populaire où la noblesse se puisait à l'honnêteté et l'enthousiasme à la plus simple sincérité.

Les représentations du *Pantoun des Pantoun* ne le servirent jamais personnellement ; jamais aucune intention « d'ego littéraire » n'affecta, aux répétitions, le sens pur de ses conceptions. mais, élargissant le culte de son Œuvre à ses hautes estimes confraternelles, il concevait que la scène sincère devait seule illustrer verbalement le contact simultané du Public en son esprit et en son espoir, car tout en lui était espérance, puisque l'intérêt ardent qui l'animait n'était qu'un fervent désintéressement.

Et avec lui, avec sa pensée d'art et avec le culte ému de notre souvenir à sa jeunesse toujours rayonnante.....

Tes yeux luiront dans le Pantoun qui n'a vieilli.

Nicolas BEAUDUIN

C'est avec émotion et respect que je m'associe à l'hommage que les collaborateurs de Rythme et Synthèse rendent à la mémoire vénérée de René Ghil, le maître trop tôt enlevé à notre affectueuse admiration.

Ma douleur fut grande cet été quand j'appris par la voie des journaux la mort de celui que je considérais comme le poète-prophète par excellence, le dernier des voyants.

L'ambition véritable de René Ghil fut, je crois, de doter la poésie française d'un grand poème semblable à ceux des Livres sacrés de l'Inde, sorte de « somme » lyrique où la plus haute humanité exprime la plus totale connaissance.

C'est que René Ghil avait l'esprit tourné non seulement vers l'Inde des Pouranas, mais vers toute l'Asie, l'immense Asie mystérieuse. De profondes affinités le reliaient, croyait-il, à cette mère des peuples.

Aussi avec quelle ferveur consacra-t-il le meilleur de sa vie à l'étude de ces littératures religieuses orientées vers l'universel.

« Métaphysique émue », disait-il, « émotion totale de la connaissance », voilà ce qui sensibilisait si magnifiquement ses grands poèmes « scientifiques » dont la réalisation fut la joie-douloureuse de son âme d'artiste.

Disciple de Mallarmé, il égala ce Maître insigne, que dis-je, il le surpassa dans maintes et maintes pages, où avec une ferveur d'initié René Ghil sut révéler à plusieurs générations littéraires la Beauté suprême et la plus suprême Sagesse.

Cette œuvre ardue, hérissée de pics comme un Himalaya, réserve à ceux qui tentent de l'approfondir des découvertes sans nombre. Sous le voile des mythes et des images, évoluant dans une orchestration savante, se révèle la plus lumineuse connaissance de l'univers créé.

N. BERTHONNEAU

Son amitié ! Elle était faite d'une communion émue avec tous les êtres et toutes les choses que ses sens et son esprit pouvaient atteindre et comprendre.

Pour toujours s'accroître, elle voulait tout savoir... et deviner le reste : « Le plus de savoir étant le plus d'être ».

Et c'est pourquoi tout l'Univers connaissable est venu *se mirer* dans cet athlétique cerveau, et *se connaître* dans cet esprit géant et délié.

TOUTE LA SCIENCE : c'est-à-dire toutes les Images du Monde qu'un cerveau humain pouvait capter, et toutes les Lois universelles qu'un puissant esprit était capable d'en tirer.

TOUTE LA MÉTAPHYSIQUE : c'est-à-dire l'intuition soudaine et sûre de l'unité de l'Esprit et de la Matière, et, comme conséquence, la résolution de la vieille antinomie entre le Matérialisme et le Spiritualisme : « car le spiritualisme, c'est-à-dire le plus de conscience prise du Tout, sort perpétuellement de la Matière évoluante »... Et cette évolution, « c'est une loi d'amour procréateur dont est pénétrée la

Matière, et procréateur du Mieux, puisque c'est tendance à l'harmonie ».

TOUTE L'HARMONIE : c'est-à-dire l'Amour, sa force inhérente (sa propension à l'harmonie de toutes les parties universelles, et à l'équilibre) l'Amour, et pris au sens d'affinité chimique, — (qui) meut la Matière.

TOUTE LA POÉSIE, donc : car « la mission que nous avons voulu assigner à la Poésie, est de re-créer consciemment une harmonie de cet univers »...

Ma pensée est le monde en émoi de soi-même.

Et « pour être adéquate à cette œuvre, l'expression poétique devait-elle être reprise aux origines mêmes du Verbe, là où elle commence à une émotion gutturale de l'instinct. Nous devions rendre au Verbe sa valeur phonétique concurremment à sa valeur idéographique, et lui restituer le mouvement en mesures de l'émotion, c'est-à-dire du Rythme »...

RYTHME ET SYNTHÈSE....

Tâchons, comme Lui, de « renoncer aux larmes », pour ne plus voir que « le Vrai et le Beau qu'Il a empreints » en nous. Et d'OEUVRE célébrons « cet orgueil humain en départ de conquête » au-devant de l'Univers en gésine dont il a su noter les si vibrants accords. Il est le pôle magnétique qui nous attire, nous émeut, et nous invite à nous *connaître* en Lui.

Ferdinand BRUNOT

doyen de la Faculté des Lettres de Paris

J'ai, en effet, eu le plaisir d'enregistrer aux Archives de la Parole un morceau de René Ghil que ses amis pourront réentendre lorsqu'il leur plaira. A cette occasion, j'ai eu le plaisir de causer avec lui, et depuis, plusieurs fois, nous avons échangé des lettres et des livres.

Quoique je dusse faire mes réserves sur certaines de ses théories, j'admirais en lui l'homme qui cherche les sources profondes du rythme et qui entendait associer à ses recherches les techniciens de la parole. Au rebours de tant d'autres qui croient que l'étude positive et matérielle est ennemie de l'inspiration, il voulait être conscient de son art, se félicitait qu'on lui expliquât certains effets que son sens profond et ses intuitions lui avaient déjà révélés. Sa mort a été certainement une grosse perte pour la poésie.

Jean CASSOU

J'ai trop peu subi les principes de René Ghil pour en parler dignement, et je n'oserais même avancer que j'y vois un de ces périlleux apriorismes où les plus nobles esprits, parfois, s'encastrent. Il est possible, d'ailleurs, d'aimer la liberté au point d'admettre que ces limitations soient, pour certains tempéraments, l'unique moyen et le plus sûr de s'exprimer. Il m'a suffi, d'ailleurs, de rencontrer une fois René Ghil pour voir que cette foi tenace n'avait rien atteint chez lui d'un charme personnel très vif et de toutes sortes de qualités délicates du cœur et de l'intelligence.

Il appartenait à une génération d'une sensibilité si aiguë que jamais, peut-être, on n'a mieux éprouvé combien la poésie était une gageure impossible et qui ne se risquait point sans héroïsme. C'est par son côté le plus difficile que ces poètes mettaient une coquetterie, galante et fière, à en entreprendre l'approche. Chacun semblait tenir à s'en poser le problème sous son aspect le plus subtil, à se préparer un échec plus splendide encore que celui de ses maîtres, ou de ses compagnons, à s'organiser une déroute retentissante, glorieuse, angélique, une chute icarienne.

Paul CASTIAUX

René Ghil, je suis venu chez vous, et vous n'étiez plus là : votre visage robuste et fier à la fois, vos cheveux noirs et votre main lente à rouler la cigarette ; votre parole aux calmes contours, qui se mêlait aux fumées souples comme les danses que vous rêviez dans les parfums, là-bas, si loin vers les îles emplies de musiques d'aurore.

O mon Ami, la glace est vide où vous cherchiez, aux longues nuits d'hiver, les rythmes rares qui tournaient autour de votre pensée comme des robes.

Voici les objets que vous aimiez sur votre table, cette cassette minuscule et précieuse dont la pierre rappelle la mer de Naples, et dont l'or semble un jardin d'été chauffé par le soleil.

Voici, contre le mur, les poupées de Java qui veulent sourire à quelque songe...

Mais je me rappelle de votre œuvre ce vers si beau

Ma pensée est le monde en émoi de soi-même...

Quand j'ai su votre mort, ô mon Ami, je vivais sous un ciel empli d'ailes sans nombre qui frôlaient les montagnes. Une voile passait, si lente que l'instant avait couleur d'éternité.

On entendait un chant venu de loin comme un parfum, solitaire au milieu des senteurs de la campagne.

L'eau du lac n'était qu'un chant de roses et d'hyacinthes.

C'est ce soir-là que j'ai su votre mort, ô Poète. Et tout de suite, malgré la courbante tristesse, j'ai vu la mer orientale de Java et ce pays où n'étiez jamais allé, mais que vous connaissiez si bien que quelques-uns de ceux de là-bas pleuraient, en écoutant les doux et nostalgiques Pantoun que traçait votre main comme un dessin de miracle empli de chants.

Vraiment la mort est-elle la seule certitude de la Vie ?

Dans un bruissement de tuniques de soie — danseuses — rêve enclos dans un geste des mains — ruisseau tombé d'un pur regard d'aube tremblante — votre esprit fin, mais tout gonflé par des tendresses, put s'évader au rythme tintant d'une aurore — éveil d'un temple — voix d'oiseaux — ou voiles claires...

O René Ghil, il me semble que vous êtes là, et que vous témoignez que la mort peut porter sa clarté comme un ciel.

Charles COUSIN

Vous nous avez quittés, Maître, avec les dernières feuilles de l'automne ; la terre vous sera douce en ce Poitou que vous avez tant aimé et si souvent évoqué, chanté avec passion, avec tendresse, ô pur Poète !

La terre, la plaine, c'étaient pour vous les prairies poitevines.

Il me souvient avec piété de causeries et de promenades, un été « *par les routes chaudes, entre les haies surchargées de viornes* » — et de votre « *pavillon rustique* » : vous y étiez tranquille, heureux de travailler à l'œuvre que vous n'avez pu achever, tout-à-fait.

Ah ! vous L'aviez conçue avec amour, avec foi, avec espoir ; vous avez mis dans sa réalisation toute l'ardeur de votre imagination, toute la poésie de votre cœur fervent, riche d'une vie surabondante : mais vous avez dompté la « folle du Logis » par la logique implacable de votre volonté consciente d'une mission du poète dont, m'écriviez-vous en 1915, « *le chant devra s'élever pour que les pauvres hommes sachent d'où vient le souffle qui ressuscite et desserre les poitrines* ».

Vient-il des bords du Gange, « sous les soleils dont on s'endort » ? Vous avez aimé les mystères hiératiques de cet Orient où le sens sacré de la vie paraissait adapter et confirmer le « Devenir » qui règle la théorie de l'Evolution sur laquelle vous avez élevé votre Chant.

Vous avez dit le « Poème de la vie », avec orgueil, avec amour... Et c'est avec émotion que j'évoque ici votre amitié généreuse, comme votre œuvre.

Lucie DELARUE-MARDRUS

Je n'ai jamais rencontré René Ghil, mais je l'ai lu. Je me souviens surtout d'un vaste poème asiatique, étrange, captivant et énigmatique comme une musique javanaise, et, par là même, assez debussyste. Je ne sais plus le titre, les mots sont perdus, mais l'impression reste, une impression où il y a des éclats d'or et des yeux bridés. Pardonnez-moi pour un témoignage aussi vague. Il n'en reste pas moins que, dans mon esprit, le nom de René Ghil fait renaître quelque chose comme le souvenir d'un trésor enfoui dans d'adorables ténèbres.

Pierre DEVOLUY

René Ghil, ami très ancien et très cher, était pour moi l'une des très rares incarnations du poète-né. Il y a dans son œuvre des chevauchées d'Alexandrins qui restent clouées sur la tapisserie des mémoires avec la sereine et haute violence d'une laisse du *Poème du Rhône*.

René Ghil m'avait très affectueusement accueilli aux *Ecrits pour l'Art* qu'il dirigeait avec Stuart Merrill ; et, très vite, il m'associa, en un cordial abandon, à ses batailles d'idées. J'ai là, devant mes yeux, la collection de ses lettres, très précieuses pour l'histoire d'une époque littéraire ; et où tel épisode, tel petit potin du Landerneau des lettres voisine, pittoresque, avec un exposé de doctrine toujours hautement significatif.

La foi ardente que Ghil vouait à sa méthode et à son œuvre faisait de lui un apôtre, un organisateur infatigable. Et ceux qui goûtent le très pur délice de sa poésie, se sont demandé parfois si cet apostolat, ces luttes incessantes de l'animateur, n'avaient pas un peu contenu l'expansion naturelle de cette source du Verbe qui jaillissait de lui.

Baste ! Il méprisa souverainement les succès faciles. Il travailla pour son idéal et sa joie d'âme. Il fut un délicieux et un fort.

« Nous devons travailler, m'écrivait-il en 1890, avec le mépris de ce présent imbécile et jouisseur, à instaurer la Poésie adéquate à l'Etat de choses social que Comte a voulu — et qui sera fatalement... »

Hélas !... l'instauration est bien lente à se faire !...

Quoi qu'il en soit, et quoi qu'il reste de la méthode ghilienne, la postérité consacrera en Ghil une des plus nobles figures de notre époque et le mettra, en toute belle gloire et justice, au rang qui lui revient, c'est-à-dire très haut.

Fernand DIVOIRE (1)

René Ghil est mort. Il était, en son métier, un honnête homme. Je l'aimais pour cela. La plupart des journaux n'ont pas daigné l'« enterrer ». Il n'était pas une personnalité parisienne.

Il échappait même aux classifications. Il n'a jamais été ni illustre, ni méconnu, ni raté, ni arrivé, ni isolé.

Plusieurs l'admiraient. Il avait des amis. Il ne s'enfermait pas dans une tour. Mais son Œuvre écartait de lui la foule.

(1) Article paru dans le *Journal littéraire* du 26 septembre 1925, et reproduit avec l'autorisation de l'auteur.

Un médecin lettré était allé le voir et lui avait dit : « Je ne comprends pas votre œuvre » ; Ghil avait pris la peine, gentiment, d'expliquer ; tout devenait clair... Mais combien d'écrivains ont fait ce geste d'amicale humilité : « Je ne comprends pas » ?

Ce n'est pas de son œuvre que je veux parler ici, mais de lui. Oh ! « l'article » est bien facile à faire, n'est-ce pas ? Opposer ce poète qui jamais ne dévia de l'absolue ligne droite avec les baudruches que mille bouches viennent souffler jusqu'à l'éclatement. Comparer ses tirages de 1 × 500 ou 1.000 avec ceux de 0 × 300.000, compter ce qui fait le plus et ce qui dure le plus longtemps.

Non. Ne comparons pas Ghil. Ne l'opposons pas. Il ne s'opposait pas — sauf quand il y avait lutte d'idées, comme lorsqu'il se sépara du symbolisme. Il accomplissait son *Œuvre*. Voilà tout.

Il l'avait formée en lui. En lui seul. Personne, avant lui, ne s'était servi des mots avec ce sens-là du rythme, du mouvement, de l'expression de la pensée. Il s'était tracé son chemin, il y a de cela quarante ans. Pendant quarante ans, il l'avait mené tout droit, poussant le soc à fond de terre.

La vie lui avait permis de ne suivre qu'une tâche. Il n'avait pas gaspillé cette grâce. Simple et sans luxe, ne prenant que le repos utile, confiant en cette extraordinaire santé qui, à 63 ans, lui conservait, couronné de drus cheveux d'encre, un visage de jeune homme, il aurait accompli son devoir de poète sans défaillir, sans composer avec quoi et qui que ce fût, pendant cinq siècles au besoin. Il savait dédaigner les glorifications qui amoindrissent. Une seule fois, je crois, à *Art et Action*, il avait accordé l'autorisation de dire ses poèmes. Et après quelles patientes leçons.

Ghil, ligne droite sûre d'elle-même, hors du temps, mais née, déjà, hors du temps, soyez respecté, de toute notre humilité.

Edouard DUJARDIN

Une œuvre vécue, en même temps qu'une œuvre écrite.

L'œuvre vécue ? Le plus noble des exemples, une vie dédiée à la pensée, mieux, à sa pensée ; et ce fut cette volonté du livre à écrire, née en la toute jeunesse, pas un jour oubliée, inlassablement poursuivie et jusqu'au dernier souffle ! Et puis, la droiture du regard et de la main tendue ; même loyauté au cœur qu'en l'esprit. Quelle douceur triste, ce souvenir, pour qui a serré cette main, a rencontré ce regard !

L'œuvre écrite ? Quelque chose qui sans doute allait plus loin que les forces humaines, et qui resta le monument des ambitions démesurées qu'ont parfois les grands saints de l'esprit.

Qui donc, cette œuvre double ?

Mallarmé, évidemment.

Mallarmé, et, pareillement, René Ghil.

O René Ghil, ami qui tout d'un coup êtes parti ! Comme il est pur, l'exemple de votre vie ! Comme il était aimable, ce regard ! Et comme ils sont un redoutable mystère, ces livres où nous nous sommes effarés à deviner votre grandeur !

André FONTAINAS

René Ghil, je l'ai connu au lycée, comme il le rappelle lui-même au début de son livre de souvenirs. Il y avait là un groupe de jeunes poètes dont, je crois bien, avec Rodolphe Darzens, qui semble avoir renoncé à la poésie, je demeure l'unique survivant !

Mikaël, le premier, est parti ; puis Quillard, Merrill, René Ghil enfin, si brusquement, et de façon si inopinée.

Cette belle loyauté dans la tenue littéraire, comme dans les relations de la vie quotidienne, c'est ce qui nous frappait, enfants, chez notre camarade. Non qu'il eût conçu déjà, même à l'état embryonnaire, sa théorie d'instrumentation verbale ou de poésie scientifique, ni le plan de ses ouvrages futurs, mais nous le sentions préoccupé de se choisir une voie nettement définie, en dehors de toute recherche de succès, de triomphe facile ou d'idée de gloire ou de notoriété. Aucun de nous, d'ailleurs, ne s'est jamais avili à ces choses. On peut estimer le talent de chacun à son gré ; notre dévotion à l'art a été également désintéressée et purement religieuse. Chez Ghil cette dévotion avait plus de rigueur ; elle était préconçue, volontaire, fixée. La noblesse de ce grand caractère n'était pas moindre à dix-sept ans qu'à soixante. C'est un des hommes parmi les plus grands poètes de ce temps que je suis fier d'avoir connus, appréciés et aimés depuis l'adolescence.

Dans bien longtemps, lorsqu'on aura perdu le souvenir des productions que la rumeur de la vogue ou de la publicité soutient, exhausse et encense momentanément, on s'apercevra qu'entre les œuvres d'à présent les plus résistantes et les plus solides, l'Œuvre de Ghil demeure intacte dans sa beauté savante, incorruptible et décisive.

Et la figure de mon ami rayonnera parmi les plus belles et les plus originales du lyrisme français.

Jean de GOURMONT

....Je m'associe de tout cœur aux hommages que vous voulez réunir en l'honneur de René Ghil. Son œuvre se trouve résumée dans le titre même de votre revue : RYTHME ET SYNTHÈSE. Ghil, peut-être le plus lucide des poètes inspirés, avait une belle conscience du rôle de la poésie qui est de recréer perpétuellement la vie au rythme de l'émotion et de l'intelligence humaines. Il a eu l'intuition que l'univers était, en effet, une création verbale. Ghil m'apparaît déjà comme une sorte d'équilibre miraculeux entre la poésie et la critique synthétique....

Marcel GROMAIRE

C'est avec empressement que j'apporte mon hommage à notre grand ami disparu. Tout a été dit sur l'homme admirable qu'il fut. Je vous laisse, à vous plus qualifiés, le soin d'étudier son œuvre. L'esthétique m'importe peu. L'Art n'est pas une querelle de moyens. Ghil est un poète de grande ambition ; que ses détracteurs s'inclinent devant un aussi haut désir ! Poète épique, il appartient à la race de ceux qui, au cours de notre histoire, en passant par les Chansons de Geste, les d'Aubigné et les Hugo, font figure de conquérants. Leur élément est la tempête, et ceux qui demeurent au rivage s'étonnent de leur témérité.

Henriette et Augustin HAMON

....J'ai connu René Ghil vers 1891 chez madame Cheliga et son mari Edouard Loevy....... A la suite de la publica tion en 1895 de ma *Psychologie de l'Anarchiste socialiste*, qui attira l'attention des groupes et individus avancés, une conversation avec Ghil nous donna à tous deux l'idée d'écrire en collaboration une psychologie de l'artiste et du scientiste. Nous dressâmes un questionnaire, très long, très scientifique. Ghil avait l'esprit scientifique, et c'est ce qui faisait entre nous une collaboration possible. Les *Archives d'Anthropologie criminelle et de Psychologie* du professeur Lacassagne, avec lequel j'avais des rapports, publia ce questionnaire, dont nous fîmes un tirage à part pour envoyer les exemplaires à une foule d'artistes et de scientistes. — Nous eûmes quelques réponses. Mais un article de Mirbeau, ridiculisant notre questionnaire, arrêta net les réponses des Français. Nous abandonnâmes alors l'idée de cette étude, comptant cependant la reprendre en commun plus tard, quand l'effet désastreux de l'article de Mirbeau serait disparu. Les circonstances de la vie ont fait que tout cela n'est resté qu'à l'état de projet . . . .

. . . Une fois mariés, ma femme et moi, nous continuâmes à fréquenter chez Ghil. C'est ainsi qu'à l'un de ses vendredis si intéressants, nous eûmes la joie de lire *l'Homme du Destin*, le badinage que M. Baty a si bien mis en scène au Studio, en décembre dernier. C'est aussi dans le salon de Ghil que d'autres fragments de la comédie de Bernard Shaw affrontèrent le public pour la première fois en langue française.

René Ghil ne manqua jamais d'assister aux premières des comédies de Shaw : *Candida*, *La Profession de Mme Warren*, *On ne peut jamais dire*, *Le Héros et le Soldat*, *Pygmalion*, *Sainte Jeanne*. Il en était grand admirateur. Il nous écrivit à leur sujet des lettres qui mériteraient d'être publiées, tant il saisissait et la profondeur des pensées et la beauté de la forme du théâtre Shawien.

Sa mort nous a frappés douloureusement, car elle nous a enlevé l'ami autant que le critique fin et perspicace qu'il était.

A.-Ferdinand HÉROLD

René Ghil a donné un grand exemple de probité littéraire. Qu'on aime ou non l'œuvre, on gardera à l'homme une très haute estime. Sans jamais s'abaisser à aucune concession, Ghil a cherché à exprimer, par les moyens les plus subtils et les plus vigoureux à la fois, une conception de la vie et du monde qui était de la plus fière noblesse. On pouvait le railler, il ne se décourageait pas. Il suivait, d'un pas ferme, le chemin qu'il s'était choisi. René Ghil était un écrivain d'honneur : ses amis ne penseront à lui qu'avec une profonde émotion.

Henri HERTZ

A côté de Mallarmé qui déboîta la langue des moules de la syntaxe et des habitudes de l'enchaînement classique, pour la rendre plus sensible à des mouvements profonds encore inexprimés, René Ghil a accompli, en y consacrant toute sa vie et à force de patience, d'inspiration et de foi, le double exploit :

1° de plier la langue, sous le nom de poésie scientifique, à des équivalences mécaniques, éruptives et multiples, traduisant, de la science, non ses inventions en elles-mêmes, mais ses sursauts, ses propulsions et ses exigences secrètes ;

2° d'entraîner, en même temps, cette langue, chargée de bouillantes pulsations scientifiques, vers le calme des antiques parentés impassibles chez lesquelles il suffit encore à la vérité d'être un chant, d'être une danse, de se mêler à la nature primitive par des rythmes immenses qui se ramassent sur les formes des objets et les vœux des hommes sans s'y limiter.

En notre Occident, avec notre langue d'Occident, produit de l'analyse, instrument de l'explication, il est parvenu à transporter les plus brutales possessions modernes dans les plus ingénues cadences de l'Asie, agissant sur l'âme non par le poids de la certitude raisonnable, mais par les ondes de l'indicible ivresse.

Reconnaissable par nous tous, au point d'avoir attiré les plus modernes poètes qui se dirent ses disciples avant de l'oublier dans le souci et la sauvegarde de leur propre maîtrise, reconnaissable et aimé par de petites danseuses de Java, c'est un grand croisé du lyrisme français qui a relié des mondes désaccoutumés les uns des autres, qui a demandé dans ce but, à la langue, d'aller plus loin qu'elle-même, de dépasser ses propres lois, qui a tenté de valeureux et imprévus mélanges, qui a scellé des jonctions que l'on n'osait espérer, quitte à risquer de demeurer seul et perdu au milieu du monde.

Jane HUGARD

Un animateur nous a quittés. Sous la double flamme de ses yeux, couvait un univers d'espoir. Sa voix n'était porteuse que de paroles qui aident à vivre, à méditer et à comprendre.

Le poète sera éternellement présent, mais l'ami... un peu de notre lumière s'est éteinte avec ses yeux.

Que votre mémoire, cher René Ghil, accueille, comme l'aurait accueilli votre âme généreuse, mon égoïste et vivace chagrin.

Sébastien-Charles LECONTE

René Ghil a laissé une grande œuvre.

Il a légué un grand exemple aux poètes qui viendront.

Le seul, ou presque, il a voulu marier, en une épopée, digne de son art souverain, la Science à la Poésie.

Tel Dante, qui, de la théologie reine des sciences de son âge, fit la conductrice et l'interprète de son poème impérial, René Ghil a, sur la synthèse philosophique des sciences modernes, fondé son cycle de poèmes. De cette érudition universelle qui fut la sienne, il a fait les assises de son monument rythmique.

René Ghil, pour l'équitable avenir, sera le constructeur d'un temple colossal, où les conceptions les plus hautes de l'Esprit humain apparaîtront, harmonieusement unies, en un chœur de voix chantantes.

Qu'importe, que nous importent devant de telles architectures les railleries faciles et le haussement d'épaules de la tourbe des *je ne comprends pas* ?

Les cimes s'enveloppent de nuées. Le faîte des acropoles peut être voilé de brumes. C'est le droit des Anges de se couvrir d'un tourbillon d'ailes tournoyantes. C'est le droit de la Poésie suprême d'être obscure, et de s'environner de foudres.....

Dr J.-C. MARDRUS

Mes chers amis, — j'eusse préféré et de beaucoup que l'hommage à René Ghil fût réalisé de son vivant. Car je dois avouer, à ma grande honte, que point je ne suis spirite. Mais puisqu'il y a hommage, je ne puis que m'incliner très bas et saluer très haut René Ghil dans son immortalité.

Marcel MARTINET

La mort de René Ghil nous a frappés de stupeur, tant sa force sereine rayonnait de certitude et de jeunesse. Et aussitôt elle m'a frappé d'une grande peine. En apprenant à le connaître, j'avais appris à le respecter et à l'aimer. Comblé de dons, il méprisa les succès qu'un moins fier eût ramassés. Cette fierté, parée de la grâce accueillante dont certaines pages de son Œuvre gardent le charme, cette fierté de Poète et d'Homme, l'ampleur et la générosité de son rêve (et je me souviens avec émotion qu'il fût l'un des bien rares à ne pas renier son âme, en 1914, devant la Bête), son audace jamais fléchie nous inclinent également en face de sa mémoire, exemple et réconfort pour les artistes d'un temps prostré.

Alexandre MERCEREAU

La mort de René Ghil, qui avait su garder la jeunesse physique comme celle de l'esprit, m'accabla comme une nouvelle injustice du sort. Les meilleurs s'en vont, les uns après les autres, bien avant l'âge. Et cette magnifique génération de 1880 à 1890 dont le génie multiple marcha de pair avec une noblesse d'âme, une probité intellectuelle dont nulle autre ne donna, à mon avis, semblable exemple ; cette génération dont la grande majorité des représentants mérite le plus profond, le plus ému des respects, la plus pure des admirations ; cette génération qui devrait servir d'exemple moral même à ceux qui n'en admettent pas la tendance littéraire ; cette génération de dieux s'éteint quasi dans le silence, en un siècle tapageur — presque dans l'oubli, au milieu d'une jeunesse dont les trompettes discordantes sonnent à tous les vents la renommée de tant d'opportunistes, de pasticheurs, de vaudevillistes, de tricheurs, de marchands du Temple, pourvu qu'ils soient sans vergogne, décidés à tout pour imposer leur nom et tirer de la bête publique le plus possible de papier-monnaie crasseux. Papier-monnaie issu de la Grande Honte, vous êtes bien le symbole du temps : partout de l'inflation, partout le triomphe de la fausse valeur et partout de la crasse. La gloire n'y vaut généralement pas un sou le franc et ceux qui la possèdent n'ont entre les doigts que des assignats dont les années se chargeront de faire du néant.

René Ghil.... il y a un quart de siècle.... je vous dois, ô

bon Maître ! ma première grande joie : celle d'approcher jusque chez lui, c'est-à-dire jusqu'à sa vie intime, un poète que j'admirais profondément et de l'avoir trouvé tel qu'il devait être, tel que devraient être tous les poètes, tous les artistes, tous les savants : un grand, profond honnête homme, sous tous les angles où on pouvait le considérer.

René Ghil.... je l'ai connu de près un peu avant Verhaeren, Stuart-Merrill, Vielé-Griffin, Elémir Bourges, et d'autres encore, céleste phalange du ciel littéraire, qui jamais ne faillirent, jamais ne renoncèrent, jamais ne se répudièrent.

S'il était possible qu'il y eût des degrés dans la pureté, dans la noblesse, s'il était possible qu'être digne ne fût pas une vertu intégrale, absolue, intransigeante, parfaite, je dirais que René Ghil fut le plus pur, le plus noble, le plus digne de tous, car il fut celui qui, volontairement, s'enferma dans la sphère la moins accessible, partant la plus sûrement isolée, celle vers laquelle arrive moins d'amour, se tend moins d'admiration. Etait-ce à dire qu'il ne désirait ni amour, ni gloire, et par conséquent qu'il n'avait aucun mérite à ne point s'abaisser pour obtenir ce qui n'était pas désirable pour lui ? Nullement. René Ghil, poète scientifique, René Ghil qui tenta de donner, dans l'Œuvre-Une la représentation du Cosmos tout entier, René Ghil, compositeur à grand orchestre, René Ghil qui ne sortit jamais de sa tour d'ivoire, y avait d'abord apporté tout le trésor des hommes : un cœur. Qui peut le croire toujours sur la cime de l'Olympe n'a jamais lu son Œuvre. Qu'il la pénètre, et il trouvera quantité de pages d'une émotion, d'une sensibilité extrêmes, à commencer par tout cet admirable *Pantoun des Pantoun* (et, à propos, ce *Pantoun*, ne démontre t il pas la conscience, la probité rarissime de celui qui apprit à fond le javanais uniquement pour sentir, penser, écrire son poème).

Nul n'était plus que Ghil sensible à l'affection, nul ne désirait plus la gloire. Et c'est parce qu'il les aimait, que jamais il n'eût consenti à les recevoir salies par la moindre concession.

René Ghil étant un grand poète, était un grand honnête homme. Il règne dans le cœur, il rayonne dans l'esprit d'une petite élite : il a la gloire qu'il désirait, il a l'amour qu'il méritait. Nos larmes, notre piété, notre recueillement lui eussent été plus à l'âme que les sanglots vulgaires de la foule, qui ne regrette que les histrions.

René Ghil, ô poète, oh ami, vous reposez dans le sanctuaire où vous ont précédé vos amis, les nôtres : Verhaeren, Merrill, Paul Adam, Charles-Louis Philippe, P. Louys ; puissions-nous garder allumée jusqu'à notre mort la petite lampe discrète de l'idéal, avoir une vie toute entière digne de vous et mourir comme vous, regrettés des plus purs et des meilleurs, afin d'avoir à jamais une petite place à votre côté.

Pierre MILLE

René Ghil ! Nous avions sans doute le même âge : il fut pourtant l'un de mes initiateurs, voici près de quarante ans, en même temps que Stuart Merrill, à ce que l'abbé Brémond appelle aujourd'hui la « poésie pure »...... Et c'est le premier homme de lettres qui me reçut, m'encouragea. J'en fus fier, car il avait toute mon admiration.

Lui aussi, comme bien d'autres, il avait subi l'influence de Mallarmé : son « instrumentisme » était issu de l'exemple du Maître. Mais il y avait en lui une richesse de création, une abondance, une générosité originales, personnelles ; son *Dire du Mieux* est une des plus belles œuvres de la poésie française.

Il eut le mérite, qui fut un tort au point de vue de sa réputation auprès du public, de ne jamais transiger avec les principes qu'il s'était à lui-même imposés. Aussi resta-t-il un isolé, alors que, autour de lui, les Moréas, les Régnier évoluaient. Mais qu'on y fasse bien attention : c'est cela qui plus tard lui assurera une place qui n'est pas petite.

Albert MOCKEL

de l'Académie belge

Le 7 juin 1887, les *Ecrits pour l'Art* de René Ghil publiaient leur sixième livraison, puis cessaient de paraître. Le « groupe-symbolique-instrumentiste », — ainsi se dénommait-il cette année-là, — fut accueilli aussitôt par la *Wallonie,* revue littéraire franco-belge que j'avais fondée à Liège. Dès lors, j'eus avec René Ghil des relations de la plus amicale confraternité, dont s'émeut encore mon souvenir.

Dans la *Wallonie,* la théorie de l'instrumentation et celle de l'audition colorée furent exposées et discutées par Ernest Mahaim, par René Ghil et par moi-même. Conséquence inévitable : la revue y perdit brusquement la moitié de ses lectours... Mais notre zèle juvénile n'était pas loin de s'en réjouir comme d'une victoire. Tant pis pour les cœurs tièdes qui nous abandonnaient : ceux qui nous resteraient, ceux qui viendraient à nous seraient évidemment les purs entre les purs. Et l'on tint ferme, et l'on passa à travers tout. — De si belles heures d'enthousiasme ne se peuvent oublier. Je suis reconnaissant à René Ghil qui nous les a values : d'avance elles effaçaient les heures assez pénibles qui suivirent.

Deux ans plus tard, René Ghil avait quitté la *Wallonie,* où demeurèrent d'ailleurs tous les anciens rédacteurs des *Ecrits pour l'Art.* Ghil avait évolué vers une poésie aux tendances scientifiques et sociales, tandis que nous restions fidèles à l'idéal du symbolisme et de la poésie pure. Nos aspirations et les siennes, devenues à ce point divergentes, exigeaient cette séparation qui, de lui à moi tout au moins, ne fut jamais une rupture.

Il m'est bien malaisé, on le comprendra, de formuler une appréciation sur son œuvre à partir de ce moment-là. Qu'il me suffise de dire mon admiration pour l'énorme et généreux effort, pour la puissance créatrice libéralement dépensée dans ces livres, — et pourtant mon regret, mon poignant regret à l'idée d'un si noble talent hasardé dans une telle entreprise. Qu'un artiste aussi doué ait consacré ses forces magnifiques, ait donné les vertus les plus riches et les plus délicates de sa sensibilité à une tentative de vulgarisation scientifique, c'est un fait paradoxal et douloureux que je ne comprends pas, dont je ne me console point.

Mais cette œuvre et cette vie restent un admirable exemple de constance, le témoignage réconfortant d'une haute et grande beauté morale. Que notre hommage s'incline donc très bas pour saluer la mémoire de René Ghil. On ne pouvait avoir, pour l'homme, que de la sympathie. Au poète qu'il fut on ne peut, sans bassesse, refuser du respect.

Gaston MOREILHON

Je caresse le rêve, lorsque je serai libre, de vivre et d'achever de vivre en joie dans l'œuvre de René Ghil et de la commenter voluptueusement, à mes heures, en toute liberté d'impression et d'admiration. On ne saurait trop en montrer, avec réflexion et précision, les beautés, la profondeur, la complexité, l'extraordinaire originalité de fond, de forme, de ton, d'orchestration infinie. Sans doute, elle ne sera jamais populaire. Mais il faut de toute nécessité que dans le présent ou le futur un poète superbement doué s'abreuve à cette source cachée et à ce fleuve prodigieux d'intention et de nouveauté qui s'en va vers des terroirs inexplorés que nos contemporains veulent ignorer...

ANTOINE-ORLIAC

Le petit salon de la rue Lauriston.... mais devant la table de travail, ordonnée comme toujours, un fauteuil vide et debout, stoïque dans ses vêtements de deuil, une grande et noble veuve !...

Il écrivait là, sous cette lampe bleue.... voici le buvard sur lequel une page demeure, le petit fer-à-cheval qui sert de presse-papier, le poignard malais avec lequel il coupait ses livres....

Aux murs les froids reflets de panneaux incrustés de nacre figent dans une attitude d'attente les poupées javanaises qui, dans leur exil, n'entendront plus la voix du Maître scander les nostalgies du *Pantoun des Pantoun* :

> Le murmure du vent roulé — soumarouwoun'g —
> du vent roulé parmi les plantes, tarde et dort....

Plus d'incantation ni sa mélodie discontinue accordée en chantantes syllabes, ni la musique du songe, ni le trouble de la pensée aux aguets, mais le souvenir projeté prolongeant encore de frémissantes ondes !

Ici la méditation et le silence trouvèrent leur lieu géométrique et leur intersection, ici vinrent se croiser les vols fulgurants des pensées qui ne peuvent pas mourir. L'incidence du Verbe a condensé dans ce petit carnet noir quelques vers en harmonieuse langue malaise, dont le Poète se grisait en les chantant pour lui seul et que jamais sans doute nul ne traduira....

O René Ghil ! je vous pressens parmi nous, au milieu de ces objets et de ces livres.

Si tout orgueil de votre riche amitié ne sombrait pas dans tel gouffre d'ombre, comme il serait inopportun d'écrire que, d'entre nous, je fus le dernier qui vous vînt approcher ! Vous aviez même retardé votre départ de Paris — le départ vers l'Inconnu !... — pour pencher votre affectueuse curiosité sur ma recherche de poésie nouvelle. Inoubliable soirée, splendide communion, où mes yeux inquiets d'artiste toujours incertain devant la réalisation cherchèrent dans vos yeux ou dans vos gestes ces reflexes de l'intelligence ou de l'âme que font naître la suggestion de la pensée choisie et la résonance du chant dispersé !... Car vous étiez de ceux qui savent et par conséquent écoutent — si peu nombreux dans l'élite de plus en plus restreinte de nos jours, chez lesquels l'œuvre d'art trouve en d'obscurs prolongements son critère de certitude. Et n'ignorant pas combien est pour nous tous fuyante et protéenne la Beauté, comme vous saviez vous réjouir de toute plume au passage arrachée à son aile !

Noble majesté du génie — longue patience quand il n'est pas étincelle — vous eûtes l'éclair et la patience à la fois ! De là un émouvant antagonisme dans votre étude et ce drame que devient une vie d'artiste quand le feu dévastateur de l'Esprit brise l'orgueil d'une volonté ! Trop de lumière obscurcit : la page blanche mutile maintenant l'œuvre inachevée....

Mais, en songeant que tout l'azur à flots versé par la fenêtre ouverte n'a pu combler vos yeux devenus deux abîmes d'ombre, ô Maître, je ne peux plus — refoulant un sanglot — que m'incliner devant la Gardienne de votre Œuvre et qu'appliquer étroitement ma pensée contre la vôtre qui nous revient d'outre-tombe : « Il n'est devant la mort, pour qui ne se sent que le passage en la vie d'un instant, mais dont on ne peut dire la grandeur ! il n'est d'autre vertu que la résignation. » (1)

Abel PELLETIER

Maint poète mort a besoin que le Temps laisse déposer les bouillonnements de sa vie pour en éliminer scories ou écume ; et quand le vestige animal des observances quotidiennes aura disparu, seulement alors son souvenir s'imagera dans les mémoires :

> Tel qu'en lui-même enfin l'éternité le change.

Pour Ghil, nulle attente pareille nécessaire, tant son attitude haute et droite extériorisa sans dissonances la pure âme cristalline des voués à un culte. Comme tels autres, il eut pu monnayer sa gloire, avec parfois quelque apparence de rai-

---

(1) René Ghil : A la mémoire de Hélène-Alice Thibault. Paris 1920 (Hors commerce).

sons ; souhaiter des hochets de vanité et s'y complaire, comme apportant au moins un motif d'admiration pour les foules qui ne comprennent pas. Au contraire, il eut pu, sérénité synthétisante, regarder du haut promontoire la mêlée des hommes vers qui vous meut pourtant une impuissante pitié ; ou bien encore s'isoler dans le dedans de ceux que le mysticisme divinise au fond des cloîtres. Chez lui, ni rabaissements, ni fuite. Avec, certes, la réserve de qui sait les obligations dues à son génie, il n'a voulu répudier aucune accointance de la vie, ému, clairvoyant, fraternel, traversant même bassesses, friponneries ou sottises, avec l'indulgence de qui voit, derrière les fuligineux présents, une resplendissante Beauté future.

Aussi, comme cette spirituelle noblesse a qualifié la floraison des plus hautes valeurs de son Livre ! Elle lui a fait garder les yeux d'une enfant émerveillée pour qui la vision des choses est toujours neuve, et conserver sans fêlure cette résonance musicale, vibrante comme une harpe éolienne à tous les souffles de l'infini.

Par elle sont devenues plus fécondes encore, méditations ravies, compréhension du miracle vital, et communion dans son rythme essentiel ; toujours plus vives, une volonté sans fléchissements, une ardeur jamais satisfaite à corporiser mieux ses aspirations vers le Parfait. Et c'est ainsi qu'ont pu naître, sublime réflexion de l'univers dans la gouttelette de soi-même, ces évocations, ces transpositions, ces intuitions si profondes, qu'à parcourir son *Œuvre* on a l'impression de pénétrer un monde nouveau, sélectionné, régénéré, qu'ensoleille « la gloire de vivre et d'œuvrer », monde qui, à travers les hasards de la Matière et l'à-tâtons des Instincts, s'achemine vers la « Loi de l'Homme » : un Destin que, toujours davantage, conditionnent les Intelligences.

Plus un homme est grand, plus est hardi son rêve ; celui de Ghil, ample, subtil, s'imprégnant à l'éternité de la Nature, le place parmi les plus grands. Et s'il ne l'a peut-être pas réalisé tout entier, les visions qu'il en rapporta sont assez belles pour qu'on doive les dire une contribution magnifique à la souveraine puissance du monde humain, l'Idée.

Jeanne PERDRIEL VAISSIÈRE

La personnalité de René Ghil ne s'aborde qu'avec une sorte de crainte.

Situé entre Mallarmé et Paul Fort, il porte en lui le chaos des genèses, lourd, chargé, obscur aussi, mais tellement riche ! Lequel d'entre nous oserait prétendre ne lui rien devoir ?

Ce sculpteur de géants — ne rappelle-t-il pas un peu Rodin ? — restait pour ses confrères plus jeunes, un très fraternel camarade, et mon témoignage mêle à la palme d'une admiration singulière, l'humble bouquet de la reconnaissance.

Cécile PÉRIN

Nul plus que René Ghil n'eut conscience de la noblesse de l'œuvre du poète ; nul ne marqua un plus hautain mépris des faciles réussites et ne s'éleva davantage au-dessus des préoccupations individuelles et momentanées.

Recherche éternelle de la vérité et de l'harmonie, la poésie, selon lui, appuyée sur la science s'anime, s'efforce de s'exprimer sur un mode nouveau, de créer son atmosphère. Et le chant ne prend toute son ampleur et sa valeur que s'il se fait l'écho des voix lointaines venues du fond des temps et du rythme des mondes.

La tâche grandiose que René Ghil a tenté d'accomplir honore un homme.

Et que cet homme ait eu ce visage affable, cette cordialité que n'oublieront point ceux qu'il accueillit dans son intimité, explique assez le prestige que ses théories exercèrent sur des générations successives de jeunes gens dont plus d'un, qui ne s'en souvient plus, donna des ailes au verbe qui palpitait ici.

J.-J. RABEARIVELO.

René Ghil fut réellement un poète et un artiste (ce qui est rare, surtout en ce moment où le caporalisme règne et chez les pontifes et chez les snobs). Son Œuvre est imprégnée de je ne sais quel parfum mystérieux et, quelquefois même, violent. C'est peut-être pour cette raison qu'on la méconnaît et la prend pour ennuyeuse. Dans cette persécution ignare se révèle une paresse on ne peut plus honteuse. Je ne sache pas qu'elle honore ceux qui la mènent....

Qu'on me dise un peu si l'on retrouve l'Humanité intégrale

mieux qu'en certains passages du *Dire des Sangs!* Oui, qu'on me dise si là n'est pas exprimé tout ce qu'il faut, tout ce qui est, tout ce qu'on sent....

Tananarive, 16 novembre 1925.

RACHILDE

René Ghil fut un esprit très consciencieux. Ne voulant rien sacrifier à l'arrivisme, il demeura dans sa tour d'ivoire aux bas-reliefs un peu tourmentés par le désir de réaliser un absolu par le *dessin* et les *desseins*. On lui doit toute une école nouvelle qui le suivit de très loin et finit par sombrer dans l'incompréhensible.

La noblesse de ce cerveau repose sur la noblesse de sa conscience. Grand travailleur, il ne se découragea pas devant l'indifférence du public, mais ceux qui le connurent en gardent une grande estime.

Henri de RÉGNIER

de l'Académie française

Le temps me manque pour contribuer, comme il eut fallu, à votre numéro consacré à René Ghil, mais je tiens à vous dire toute mon estime pour ce poète, d'esprit à mon sens trop systématique, mais dont l'œuvre mérite, pour ses idées et sa conviction, l'intérêt et le respect.

Gustave REYNIER

professeur à la Sorbonne

Grand poète, artiste aussi original et aussi sûr qu'il était penseur profond, grand inventeur et manieur d'idées, il agissait puissamment sur ce qu'il y avait de meilleur dans notre jeunesse : pour ma part, j'augurais toujours bien de qui se disait son disciple. Il était véritablement un maître, un chef d'école...... J'admirais profondément ses œuvres, qu'il avait la grande bonté de m'adresser ; je ne manquais jamais et ne manquerai jamais une occasion d'exprimer publiquement mon sentiment. Et en lui ce n'était pas seulement le poète que j'aimais, c'était aussi l'homme si grand, si noble, si généreux, si tendre. Dans cette époque de réclame, sa modestie, sa réserve, son dédain de toutes les petitesses, la grande dignité de sa vie qui n'était tournée que vers son art, tout cela imposait le respect.

Paul-Napoléon ROINARD

Vous me demandez mon opinion sur notre très regretté René Ghil, si prématurément disparu. La voici sans réticences.

Je professe une cordiale et particulière estime pour René Ghil, qui résolument poursuivit son aride tâche, telle qu'il se la traçait, dès ses débuts. Fait rare, il put l'accomplir fièrement, en dépit d'injustes dépréciateurs et des protestations parfois brutales de critiques aveugles qui, depuis toujours, de siècle en siècle, prétendent asservir sous leurs férules tout auteur qui n'écrit point selon leurs mauvais goûts.

Ghil demeurera exemplaire ; en robuste audacieux, très jeune il s'évade, au départ, puis se libère de la vieille langue, usée, banale, sèche, cursive et surauxiliarisée de Voltaire, cette langue sans eurythmie et saturée de lieux communs, que prônèrent l'Université et tous les cuistres qui se tassèrent entre les deux lourdes parenthèses que furent Sarcey et Jules Lemaître ; apôtres pédants et puérils de la vulgarité prudhommesque dénommée : « le bon sens ».

Ce *faux* bon sens ne cesse d'ailleurs de compter nombre d'ardents défenseurs, toujours applaudis par la multitude qui ne veut pas apprendre à penser librement.

Vers les anciens temps que j'évoquais plus haut, contre tout essai de nouveauté, la conspiration du silence commençait à se dresser, d'une façon féroce et criminelle.

Sans doute, les critiques susdits prirent peur de se voir dépossédés soudain d'autorités usurpées et tentèrent, par ce moyen lâche, de briser l'ascension splendide d'une génération de penseurs et de poètes qui surgissait, tout à coup, hostile aux routines du passé.

René Ghil, à l'abri du besoin, — du moins l'affirmait-on, alors, — lutta ferme à son poste solitaire, et ses premières œuvres, bafouées en France, retentirent très loin à travers une Europe littéraire tôt lassée du naturalisme triomphant.

Entier, tenace, convaincu de l'excellence de sa méthode, René Ghil en exposait hardiment les concepts d'instrumentation verbale et les données d'ordre scientifique. Dans ses *Ecrits pour l'Art* complexes, mais sincères, il se sépara vite de ses compagnons du *Symbolisme* plus ou moins devenus mystiques ou décadents. Sa réputation n'en pâlit pas moins pourtant : car son isolement, très discipliné, imposait le respect aux chercheurs et réduisait à un taciturne dédain les princes de la critique habitués à juger sans discerner.

Ah ! c'est que les rythmes libres du novateur exaspéraient ces coutumiers contempteurs d'écrivains non vénaux comme eux et qui cherchaient avidement à créer des chefs-d'œuvre en dehors des formules désuètes.

René Ghil exigeait de ses lecteurs une grande somme d'efforts qui, d'ailleurs, se trouvaient récompensés par la substance riche qu'on découvrait dans ses livres. Il ne se contentait point du verbiage facile que broute un public accoutumé, par les éditeurs, libraires et autres incompétents censeurs, à rejeter par paresse ou parti-pris tout ce qui dépasse le niveau intellectuel et le jargon des littératures courantes.

René Ghil toujours mena son labeur d'une façon égale et persévérante, aussi restera-t-il une figure inoubliable à cause de la probité de sa foi scientifique et de son caractère modeste autant qu'opiniâtre. Libéré des formes périmées et même de celles en vogue à son époque, il écrivit son magnifique et parfois obscur *Traité du Verbe* en pleine conscience de l'entreprise qu'il osait et sans souci des opinions à la mode. On peut discuter ses théories et ses rythmes, mais on doit reconnaître que son œuvre reste fondée sur des bases solides.

Grâce à la sereine aménité d'une parfaite courtoisie, René Ghil se fit sinon admirer, du moins aimer de tous les hommes de bonne volonté, prêts à cordialement accueillir les innovations d'où qu'elles viennent.

Je considère René Ghil comme un des plus sains penseurs de notre génération ; c'est pourquoi je m'associe amicalement au suprême hommage que vous lui rendez.

Ce poète, je le crois, survivra, de plus en plus apprécié par les générations survenantes. Je salue donc en lui de toute mon intime admiration cette noble victime de l'incompréhension publique et des médiocres critiques, qui ne savent point lire ni prendre la peine de tirer fruit de leurs lectures.

J.-H. ROSNY aîné

de l'Académie Goncourt

Je le connaissais depuis très longtemps, mais je l'ai peu fréquenté. Etait-il toujours taciturne ? A chaque rencontre, je l'ai vu silencieux, méditatif, un peu lointain, cordial. De tous les hommes que j'ai observés au cours d'un tiers de siècle, c'est lui qui vieillissait le moins vite. La dernière fois que nous nous sommes entretenus, dans ce monde où il ne doit plus reparaître, il devenait étrangement jeune, les cheveux sombres, et si semblable au René Ghil, du temps où il publiait ses premiers livres, que j'en fus émerveillé.

On eût pu lui prédire une longue vie, mais quelque faiblesse se cachait sous cette apparence vigoureuse, puisque la congestion a pu l'emporter.

Peu d'écrivains ont mené leur vie aussi probe, aussi passionnément consacrée à l'art. Nul effort pour se faire connaître, nul bluff, nul recours à la « réclame » ; il produisait lentement, avec une admirable patience, il ne publiait qu'à ses heures.

Je ne veux point discuter ses théories ; je crois qu'il s'abusait sur la valeur figurative des lettres et des syllabes, mais je n'ai jamais jugé un homme d'après ses doctrines : selon moi, les écoles ne sont que des disciplines pour *agiter* les jeunes esprits, pour ajouter de l'ardeur à leur éclosion, pour leur infuser un peu de ce mystérieux dont beaucoup d'esprits ont besoin pour produire.

En somme, les théories de René Ghil, de même que toutes les autres théories, me laissent froid. Mais je le tiens pour un esprit original, un très honnête homme ; j'estime que son œuvre contient de très beaux vers et aussi des jaillissements de haute poésie. Pas toujours ! Il y a beaucoup de passages pénibles, inutilement chantournés et qui, interprétés, ne semblaient pas exiger une forme sybilline.

Dans l'ensemble, l'œuvre mérite d'être aimée et admirée pour ce qu'elle apporte de beauté personnelle, de large pensée et de lyrisme émouvant....

SAINT-POL-ROUX

L'œuvre fameuse de René Ghil ne m'est pas présente au point que j'en puisse connaître dignement, mais cela ne saurait amoindrir à vos yeux ma vénération profonde pour ce poète vraiment grand quoique encore petit vis-à-vis du géant certain qu'il deviendra.

Il fut amené chez moi, rue Turgot, par Rodolphe Darzens, Ephraïm Mikhaël et Pierre Quillard, en 1886, lors de notre première *Pléïade* où parut son initiale théorie. L'aspect comme sphinxique de ce beau jeune homme en qui vagissait une œuvre faisait « médaille » en quelque sorte, — la sienne déjà. Son acier noir vibrait d'une foi robuste que ne rayait point le rire d'autrui, René Ghil ayant hérité l'intangible et magique ingénuité des génies en exil.

En effet ce fut d'abord en son sillage le sarcasme impie, à la longue vinrent l'attention et le respect. On avait mal compris ces noces du Verbe et de la Science à qui René Ghil prétendait, de par sa propre opération, faire un enfant célèbre, car il avait l'ardente ténacité des hauts Voyants dont le regard porte loin et sûr comme un jet d'étalon. Le théoricien fit quelque tort au poète rare, chez lequel maints ne voulaient voir que le côté mécanique au détriment des ailes qu'il avait d'authentique harmonie ; aussi pour plusieurs même encore René Ghil semble-t-il un Orphée jouant de la lyre avec une table des logarythmes, alors que notre sphinx étonnamment résonne à la moindre émotion du Tout.

Sans doute resta-t-il un peu le prisonnier de ses formules aux yeux de la masse qui en négligea d'autant le libre poète, se privant ainsi d'une richesse nonpareille. Eternelle histoire des Sabins et des Romains. A notre avis, la Science est la poésie des trésors fonciers, comme la Poésie est la science des miracles sublimes. Science et poésie : un sablier qu'on tourne et qu'on retourne, et c'est le même temps qui coule, donc universelle devrait être la caresse.

René Ghil eut toujours raison contre son époque puisqu'il n'eut jamais tort vis-à-vis de l'éternité. Ce poète incomparable, on ne saurait le juger du fond d'un bureau, non, il faut aller sur la montagne, la plus haute, d'où l'on ne voit plus le jeu des pions et d'où l'on n'entend plus le chant des rabâcheurs. Il fut de la race de ces fous divins qui constituent la Sagesse-du-Monde.

« Déjà l'on proclame la grandeur de l'exemple qu'il a donné », a dit sagement de René Ghil le poète Jean Royère qui, au même plan que Camille Mauclair mais dans un sens bien à lui, nous paraît le plus infaillible juge ès poésie d'aujourd'hui. L'œuvre ghilienne vivra donc, nonobstant même son rébarbatisme. Certes, cette œuvre habite un épineux buisson, mais ce buisson, nos descendants le connaîtront ardent avec, en guise de rayons, des paroles saintes que notre temps n'a pas su voir de toutes ses oreilles.

Henri STRENTZ

Avec René Ghil, la poésie française a perdu le bâtisseur d'une des œuvres les plus considérables de ce temps. A toute intelligence affamée de progrès, de grandeur, et lasse du traditionnel solo de flûte et des clowneries de plus en plus grimaçantes autour de l'effusion égocentriste, cette œuvre ne peut rester indifférente. Par son caractère, son retour vers les sources les plus vivifiantes, sa passion de l'Universel, son rayonnant altruisme, elle ouvre une voie féconde aux esprits hantés de la fusion des idiomes et des plus vastes aspirations morales, elle s'élance ainsi qu'un chant délivreur des particularités égoïstes, comme la seule voix qui jusqu'ici ait su répondre à l'appel de notre oriental berceau, en même temps que par sa structure elle se conforme au vœu suprême de Stéphane Mallarmé demandant à la poésie de ne plus être « un recueil d'inspirations de hasard, fussent-elles merveilleuses, mais un livre architectural et prémédité ». A la considérer dans son ensemble, avec les nœuds de synthèse, des images hiératiques s'efforçant à fixer les gestes éternels, elle se dresse simple et fourmillante, minérale, rythmée et dansante, massive et fouillée comme un temple hindou. L'avenir seul se prononcera sur la vaste ambition de la forme et de la pensée ghiliennes. Déjà, pour quiconque s'est accoutumé à son expression si personnelle, elle se révèle riche des plus vitaux trésors. Aussi son influence non encore avouée sur certaines œuvres de ce temps est indéniable.

René Ghil, ce constructeur au sens le plus effectif du mot, apparaîtra un jour comme le Lucrèce de notre époque laborieuse en mal d'harmonie et d'unité.

La vie simple de ce pur poète dont la modestie faisait le charme de ses familiers et qui, durant 40 ans, suivit sans détour, dédaigneux de tous profits viagers, sa marche vers l'astre entrevu au seuil de sa jeunesse, force le respect, en attendant que la puissante humanité de son œuvre lui confère la reconnaissance des meilleurs. La vraie gloire du Maître du *Traité du Verbe*, du *Pas humain*, du *Toit des Hommes*, des *Images du Monde*, commence.

Paul VALÉRY

de l'Académie française

Je ne vois pas de carrière plus une, plus simple, plus honorable que la sienne. Personne n'est demeuré si ferme et si retranché dans son dessein, qui fut grandiose. On peut en faire de dures critiques, contester le système, trouver chimérique de vouloir assimiler étroitement les moyens du langage à ceux de l'orchestre et utiliser le langage ainsi reclassé pour construire une sorte d'épopée didactique. Quant à moi, je confesse un faible pour la volonté, et même l'orgueil, de l'isolé dans son idée. Un homme qui se fait une doctrine propre et complète de son art, qui sur ses conceptions théoriques entreprend un ensemble d'œuvres qui s'enchaînent, et qui ne cesse de poursuivre sans faiblir ce qu'il a projeté de faire, témoigne d'une autonomie, et comme d'une souveraineté de caractère toute respectable. Ce n'est pas chose si fréquente qu'on le croirait.

Il y a infiniment peu d'esprits qui se fassent maîtres chez eux et qui prennent en eux-mêmes la mesure de leurs ambitions.

Or, il arrive, par la nature même des choses, que la valeur extérieure, publique, — *littéraire* en un mot, — d'une œuvre, est presque indépendante de la profondeur des travaux et de l'intensité des forces que le créateur a dépensés. Et voici la conséquence de cette remarque assez évidente : une œuvre de grande valeur extérieure a pour effet de ne rendre à son auteur que de la gloire. Nulle vigueur ne lui en revient ; mais, le plus souvent, c'est au contraire quelque relâchement et diverses faiblesses.

Mais qui considère et évalue l'accroissement secret, le développement probable de la personne profonde voit tous les fruits et les avantages de la volonté séparée et préservée. La pensée réfractée dans son homme et portée au plus haut point de cohérence, l'intimité prolongée avec un vaste dessein récompensent l'esprit de ses fatigues mystérieuses et le maintiennent indépendant des hasards du « devenir », — qui dans les Lettres se pourrait nommer le « parvenir ».

En somme, une œuvre a deux effets : elle *agit* sur le public et il en résulte certaines conséquences. Elle *réagit* sur son auteur et il en résulte d'autres conséquences. L'œuvre de Ghil n'a agi extérieurement que sur un groupe fidèle et peu nombreux, et presque point sur le public. Mais je m'assure qu'elle lui fit une vie confiante en elle-même, heureuse par la certitude de l'esprit, très noble par la constance et l'ampleur des conceptions. Je rencontrais Ghil si rarement, que je puis à peine dire l'avoir connu. Il y eût toujours des années entre nos rencontres. Il m'apparaissait à chaque fois le même ; le temps, comme on dit, semblait n'avoir pas de prise sur lui. Je me demandais si cette étonnante jeunesse, cette conservation de soi qui m'émerveillait n'était point le bienfait de l'idée incorruptible qu'il portait en lui, et l'acte même de cette foi...

J.-J. VAN DOOREN

En 1887, dans l'*Art Moderne*, de Bruxelles, Emile Verhaeren prophétisait : « M. René Ghil en a pour 20 ans à subir la huée ».

A son tour, comme s'il répondait à cette prédiction, le poète-novateur écrivait deux ans après, vers 1889, en pleine lutte : « J'ai le temps et mon temps viendra ».

Depuis, René Ghil n'a pas cessé un seul instant de défendre ses théories qui font de la poésie le poème complexe et essentiel de l'Univers.

Autour de lui, d'autres ont imposé, avec un succès plus immédiat, des formules moins profondes et plus bruyantes. Mais conscient de soi et de la force de sa doctrine, René Ghil a continué sa route difficile, en dépit des cris poussés sur son passage, ou des moqueries ou même de l'indifférence. Et l'historien impartial de notre histoire littéraire est bien obligé, aujourd'hui, de retrouver dans son œuvre toutes les préoccupations poétiques de l'époque.

C'est que l'énergique personnalité du créateur de la Poésie scientifique a su construire un édifice solide où, mêlant la morale, la sociologie et l'art, se déroule une doctrine continue de volonté et d'effort.

Se perpétuer en mieux, s'évertuer en le plus d'effort à connaître l'univers et soi-même, et tendre à sa synthèse, tel est l'idéal magnifique que propose au poète René Ghil, pour qui, précisément, la loi du monde, la loi de la pensée est la loi évolutive du Plus-d'effort.

Ce noble but, comment l'atteindre ? Quels moyens mettre en œuvre pour donner aux créations poétiques une portée universelle ? René Ghil a résolu le problème en proclamant la nécessité de la pensée philosophique en poésie dans une expression méthodique de musique verbale et d'adéquate Rythmique. Je me souviens, pour ma part, de récitations enthousiastes faites, avec un ami, devant les grands horizons bleus de l'Ardenne luxembourgeoise — et du son harmonieux de cette longue-musique dans les brises d'été...

Travailleur infatigable, le poète nous envoyait, il n'y a pas si longtemps, un gros livre où ses chères préoccupations apparaissent à chaque page et où il avait la satisfaction de constater la féconde activité de disciples fidèles groupés autour d'un programme, issu de lui, dans cette même revue.

« J'ai le temps et mon temps viendra ! » Avant de quitter — définitivement hélas ! — la lutte quotidienne et ardente, René Ghil a eu au moins la joie de voir le commencement des réalisations.

Fred A. ANGERMAYER

C'est ému et profondément affligé que je viens joindre ma faible voix au chœur unanime qui pleure la mort du grand et noble Poète René Ghil. Disparu trop tôt pour une époque en général dénuée de grands lyriques, il a été le créateur puissant d'un sentiment mondial nouveau, l'ardent architecte de palais de pure beauté, l'homme au cœur rempli de visions gigantesques, le rêveur panthéïste dont la hardiesse de conception laisse un bel exemple aux jeunes ! Ce musicien magique, dont les chants sonores ont souvent touché nos âmes par dessus les frontières de nos deux pays, est entré dans le grand Silence. Astre plein de bienfaisante clarté, il luira désormais à l'horizon vaste de nos souvenirs :

Hélas ! pleurons, Poètes du Monde,
« le soir de deuil est arrivé !... »

Zabel ESSAYAN

René Ghil ......Ce me fut un éblouissement il y a presque trente ans, la connaissance de son œuvre admirable. Avec une ardeur de néophyte, j'ai communiqué mon enthousiasme à mes confrères, et la presse littéraire arménienne publia des études sur les idées et les œuvres de René Ghil. Je me souviens de l'ardente curiosité soulevée par ces écrits.

Je me souviens aussi de l'admiration d'un directeur de collège qui, sa vieille tête penchée sur l'*En Méthode,* préparait une conférence pour révéler René Ghil à ses « grands ».

J'avais connu René Ghil en 1895. Il était jeune, plein d'ardeur et de vie. Tel il m'apparut alors, tel il est resté, et c'est avec sa jeunesse éternelle qu'il passe à la postérité.

René Ghil dépassait son temps, et c'est pourquoi il est resté incompris pour le plus grand nombre. Sa voix vibrera dans l'avenir. Je vois son image évoquée par les jeunes générations qui puiseront dans son œuvre l'inspiration et les idées.

Européen de naissance et de culture, il avait en lui cette force intense et communicative que quelques prophètes d'Asie ont acquise par l'harmonie de leur être intime avec leurs idées. Il avait trouvé sa vérité et se tournait vers elle comme un amant passionné.

Hommage à sa mémoire, de la part d'une Arménienne qui n'a cessé de vénérer et d'aimer en lui le grand poète et l'ami !

Halina IZDEBSKA

... Qu'il était doux, un de ces jours où l'on serait porté à tout abandonner, de venir rue Lauriston se retremper dans l'atmosphère intense qui entourait le maître, se sentir revivre à ses intérêts les plus chers — les plus ingrats aussi, hélas ! — prêts à recommencer, encore, une lutte qui par elle même est une victoire et qu'Il semblait incarner sans fléchir.

Sibe MILICIC

Ce fut aux réunions d'Alexandre Mercereau, en 1921, que j'eus l'honneur d'être présenté pour la première fois à notre regretté maître, par mon ami Antoine Orliac.

Après les premières paroles que nous échangeâmes sur la poésie de mon pays, nous abordâmes l'état de la littérature présente. Je lui fis part de mon opinion sur toutes les recherches poétiques et artistiques faites par tous les jeunes gens en Europe ; il m'écouta avec attention, mais, lorsque je lui parlai de la poésie universelle et de la valeur de la science comme base de l'art futur, il commença à s'intéresser davantage. Non seulement il ne se contenta plus de m'écouter, mais encore il m'expliqua, d'une façon condensée et précise qui lui était propre, tout ce que j'avais déjà lu dans son traité sur la poésie scientifique.

L'instrumentation du verbe basée sur les lois de l'harmonie, la grande synthèse de l'expression, l'unité de l'œuvre, m'apparurent dans l'espace de quelques instants de conversation, qui furent coupés à chaque moment par de nouveaux arrivants qui désiraient aussi faire la connaissance du Maître.

Au moment de son départ, il me fit l'honneur de m'inviter à le visiter chez lui. Je me rendis souvent à cet appel, et j'ai le souvenir encore très vivant des inoubliables soirées que j'y ai passées en société de René Ghil, de Mme René Ghil et de quelques jeunes gens de lettres.

Après mon court séjour à Paris, je revins à Belgrade, et pendant très longtemps la noble figure du Maître fut présente à mon esprit. Je lui écrivis souvent en mon mauvais français des lettres auxquelles il me répondit toujours avec empressement.

Mais, ma patrie s'occupant de tout autre chose que d'art et de littérature, ma vie à Belgrade devint de plus en plus pénible ; je dus malgré moi abandonner ma correspondance, tout en conservant dans mes œuvres littéraires les grandes lignes de conduite qu'il m'avait tracées.

Dans mes livres : *Livre de l'Eternité, l'Enfance, la Nuit d'engloutissement,* j'ai suivi la ligne de synthèse et d'unité de l'œuvre que René Ghil m'avait enseignée.

Quant à l'instrumentation du verbe, j'ai dû renoncer à l'appliquer dans ma langue maternelle, parce que cette langue n'est pas encore aussi souple et aussi maniable que la langue française.

De cette façon, la grande idée de la poésie scientifique que nous dicta notre vénéré Maître, passa dans la jeune littérature serbe sous le titre de la Poésie Cosmique, qui est représentée par : MM. A.-B. Simié (décédé l'année passée), Bogdar Kovacecié, Mima Dedinac et moi-même.

Pendant que j'écris ces lignes *in memoriam* sur notre cher Maître, je me rappelle chaque moment passé dans son intimité, et je me souviens avec passion de sa personnalité de grand homme et de grand poète. Mais, ce qui avive le plus mes regrets, à part mon admiration pour sa grande culture et son puissant génie, c'est sa simplicité et sa grandeur d'âme.

V. SÉVOUNI

Cher confrère, — Un remords m'oblige à me taire devant la mémoire de notre grand disparu, notre maître à tous.

Parlant de son Œuvre dans une feuille arménienne, je concluais de la façon suivante : « ...et ses disciples contemplent admirativement ses cheveux que l'âge ne veut pas blanchir ».

Le remords d'avoir été un mauvais prophète me pousse à m'effacer devant vous, en vous priant de me croire à jamais endolori.

Hilda de STEIGER

Maître, j'apporte ce qui reste à côté de ma douleur : une infinie gratitude.

Je n'étais qu'une inconnue pour vous et pendant des années votre pensée qui vivait dans un travail incomparable n'a jamais été trop lasse pour secourir mes pauvres efforts et me rendre le courage qui m'abandonnait.

Aussi me suis-je avancée vers votre compréhension avec une foi religieuse.

Maître, la noblesse de votre œuvre n'avait d'égale que celle de votre cœur.

Et ce cœur charitable, hélas, vous l'avez emporté au delà des horizons sans fin, vers les mondes que déjà vous entrevoyiez — et nous restons ici en pleurs.

(Westmount - Canada)
24 novembre 1925

UN POÈME INÉDIT
de
RENÉ GHIL

PAROLES POUR LE MARIAGE[1]

Or, — qui sous les songes, ouvrons le Rituël
où, dans le haut arrêt du geste et le silence
que la Parole émet
soit en suspens l'instant
d'émoi de l'être humain, quand il se sent l'immense
et l'unique miroir du Monde palpitant
de la suite de son désir perpétuël :

Vous deux, qui n'êtes qu'un : ô, d'entre tous, l'Epoux
qui assumez des avrils verts aux rouges aoûts
la durée et le don de l'environnement
solaire, autour d'Elle, — et, qui venez, parsemant
de la timidité montante et mi-posée
de vos doux pas, la terre grande, ô l'Epousée
transparue de son passé seul et voilé !
et qui portez le verdissant épi du Blé :

Vous, en qui l'Unité met ses respirations !
que vous soulèvent au Devenir, dans la danse
du dieu de Vie où passe et survit le Moment,
les sourires mêlés de vos divinations !...

Vous étiez, — qui n'étiez que vos attentes d'être —
déserts d'un point qui arde en midi, les deux pôles

---

(1) Ecrit pour Mademoiselle Jeanne Berthonneau et Monsieur Marcel Gromaire et dit au matin de leur Mariage, le 7 Avril 1920 (*note de l'auteur*).

du seul Attrait qui remue le grain des pierres
et appelle les âmes au pli des paupières —
et dans l'amorphe Antérieur, se prit à naître
en naissant son désir de se tout-posséder !

Vous étiez qui n'étiez que vos tourments vers être...

Et — là, où rien ne peut se hâter ni tarder !
selon la loi dont l'Univers s'entre-pénètre
quand levèrent vos paupières l'Assentiment :
et par vous et pour vous en éternellement
le Monde re-tressaillit son Origine,
                                                            et
des Aïeux, la Multitude que vous vivez
en vous, du sursaut des Ages désentravés
et massant l'âme de leur âme inassouvie —
pria de votre vie unie, vers la Vie !...

Vous êtes le levant du monde, et la raison
de l'expansion de sa ramure, — et vos épaules
s'apparïent, selon la sérénité ronde
de l'Espace
                    et de la porte de la Maison...

Assentants au latent éternel qui se veut !
vous êtes du Présent et du Passé le nœud
qui les saisisse et mêle dans leur même instant —
et se dénoue en le vertige transmutant
des Avenirs !... Et vous êtes, innumérés
et n'appartenant plus qu'au Dieu-sans-nom, entrés

en l'Unité-qui-s'énumère — deux et trois —
et tend à son total de Savoir et d'Emois !...

De toutes vos vertus entre vos mains serrées
pour le devoir quotidien, et ses soirées
dont le goût d'étoilés aux-delà vous attire !
aidez le grand désir du Monde à se produire
en son Esprit, qui le travaille : aidez l'Esprit
qui, éternellement, ainsi qu'un Tout-petit
devient — qu'entre l'épaule et les lèvres l'on serre
du vœu pensant de la Nature même, ô Mère !...

Bénis de Vie, plus vastement que de la
vaine envergure de nos Bras !
multipliez
chair et Esprit, et, dans vous-mêmes et delà
vous-mêmes, la sainteté de vivre : et vivez
pour allonger la Route, et pour que de vos mains
l'innumérée et l'une torche,
à tout instant
de Vous, alimentée, — aille se transmettant
aux mains multiples de vos survivants Demains...

RENÉ GHIL

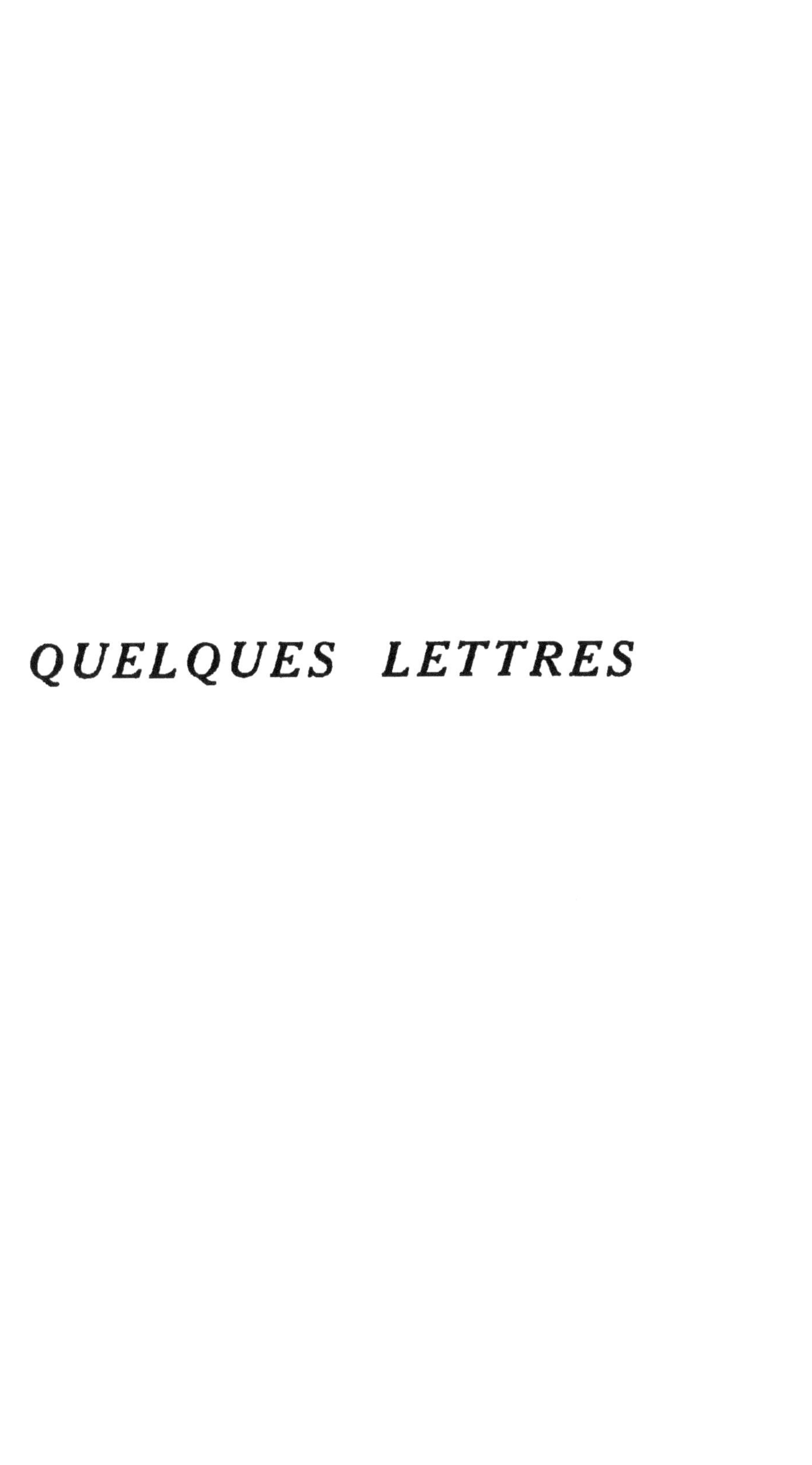

QUELQUES LETTRES

Mon cher confrère,

J'ai lu, gouttes à gouttes, hier au soir, votre Traité du Verbe, *si singulier et si juste ; votre musique des vers, votre unité, votre symbole sont vraiment savoureux, sous leur écorce de langue, bizarrement taillée, adjurante et hiératique.*

C'est en somme, et avec les panonceaux si étrangement héraldiques que Mallarmé posa dans le parvis, un livre plein de suggestion. Mais la pièce la plus précieuse est peut-être encore cette Instrumentation où vous établissez des analogies d'une véracité déconcertante. Vos Diphtongues sont une belle trouvaille et vos rectifications de Rimbaud, en ce qui concerne l'U, par exemple, sont indiscutables.

Puis, en sus de la soirée que vous me donnâtes, hier, je veux aussi vous remercier, mon cher confrère, du symbole. Merci d'y avoir attaché mon nom et merci de toute votre sympathie d'art. Votre bien dévoué.

Joris-Karl **HUYSMANS**

8 Août 86

Mon cher confrère,

Je n'ai pu vous remercier plus tôt de l'envoi du Geste Ingénu ; *j'étais dans une telle bousculade de travail avec mon roman à finir que je ne pouvais ouvrir un livre. Le vôtre est le premier que j'ai lu, quand j'ai pu me reprendre un peu.*

C'est un très singulier volume et qui fait rêver, avec le mystère musical de ses vers. Quelle cassette soigneusement fermée par ces vieilles serrures allemandes contournées comme des fleurs, et combien est bizarre le parfum qui se trouve, lorsque le secret de la serrure se divulgue.

Merci aussi, mon cher confrère, pour l'envoi des Ecrits pour l'Art, *qui réellement intéressent.*

Bien à vous.

Joris-Karl **HUYSMANS**

20 Mai 87

Paris

*Merci, mon cher Ghil, de l'envoi de l'*Ordre Altruiste II ; *votre geste de chef d'un orchestre dans le sens de la pensée au méditatif y est superbe et la déchaîne, en une seule fois, du prélude au finale, glorieusement, avec une force ; puis les motifs seconds enroulent leur suavité, leur amour. Tout cela à travers quelque difficulté, mienne, quant à l'expression et au vers, nous parlons franchement ; mais qui disparaîtra, peut-être, avec la totalité de l'œuvre : car, pour imposer, il suffit de frapper toujours. Votre effort est des plus hauts.*
A vous.

Stéphane MALLARMÉ

Valvins par Avon (Seine-et-Marne)

Mon cher Ghil,

Vous allez superbement dans votre chemin ou, mieux, l'ouvrez devant vos pas.
*Cette fin de la première partie de l'*Œuvre, *le volume III de l'*Ordre Altruiste, *s'achève en une grande plate-forme de pensée, d'où le pied sûr domine. Le motif, au début, de l'enfant est d'un tendre et puissant élan, très vaste. J'en jouis, frémissez, malgré la science, à cause, ici, d'une vision humaine que je crois supérieure même à la nomenclature, dont vous tirez de si curieux effets — ou littérairement.*
A vous.

Stéphane MALLARMÉ

Pour l'envoi du *Geste ingénu*, Merci.

Mon cher ami,

Je me suis enfermé un mois où — tout dans un livre, aujourd'hui terminé : Les Soirs *— je n'ai rien lu :* Le Geste ingénu *me tentait. J'ai résisté jusqu'à cette heure.*

A la lecture, la prime, il me demeure encore obscur, mais dès à présent, je viens de le finir — j'en ai goûté toute la musique exquise. Son ordonnance est parfaite : ses rappels, ses phrases qui reviennent, ses accords répétés. J'insisterai surtout sur ce point dans mon compte rendu. Et j'affirmerai : que vous avez le droit de demeurer obscur puisque pour moi il suffit de se comprendre soi-même. On n'écrit que pour soi. *Je ferai consciencieusement ma critique et puisse l'*Art Moderne *l'admettre sans la rogner. Donc à bientôt* Le Geste *apprécié.*

Voici deux *pièces pour les* Ecrits pour l'Art. *Ceux-ci sont irréprochables. Quelle aubaine d'avoir enfin un périodique où seuls règnent le vers et la prose digne !*

J'arriverai à Paris vers le 25 mai, ma première visite sera pour vous, cher poète et ami.

Emile VERHAEREN

Moscou, 14-27 Février 1904

Monsieur et Maître,

Ce n'est pas sans une joie enfantine que j'ai reçu votre lettre. Je vous connais depuis 1891, où j'ai lu pour la première fois Traité du Verbe. *J'avais alors 18 ans et j'étais tout sous l'enchantement de la poésie française. C'est vous, Verlaine, Mallarmé et Maeterlinck que je reconnais mes maîtres, c'est vous qui m'avez appris l'art, autant qu'un poète l'apprend à un autre.*

Je vous remercie, de ma part ainsi que de la part de tout notre cercle, de votre consentement de collaborer dans notre Revue. Grâce à vos articles, La Balance *obtient une valeur permanente. Quant aux idées que vous y exprimez, nous les partageons parfaitement. Je suis assez au courant de la littérature française contemporaine, je vois les revues, je lis les nouveaux recueils de poésies et je ne puis que répéter vos paroles : « Actuellement, c'est en France le couchant d'une période magnifique ». De plus, je fais les mêmes exceptions individuelles de ce jugement : c'est pour MM. Vielé-Griffin, Henri de Régnier, Stuart Merrill (oui ! pour lui aussi), et surtout pour Emile Verhaeren (vous y ajoutez le nom de G. Kahn... peut-être). Mais tous ils appartiennent à la génération précédente, à la vôtre.*

Monsieur Max Wolochine a dû vous exprimer notre grand regret de ne pouvoir, faute de dimensions trop petites de notre Revue, vous y réserver une place tous les mois. Mais notre Société d'éditions, Le Scorpion, *garde l'espoir d'acquérir votre futur livre pour le faire paraître en Russie en même temps qu'en France.*

Croyez, Monsieur, au sentiment de la plus profonde estime que j'ai pour vous comme votre constant lecteur.

Valère BRUSSOV

Moscou, 13-26 Avril 1904

Monsieur et Maître,

Je ne saurais vous expliquer combien me sont chers vos dons. C'est surtout Le Pantoun des Pantoun *avec votre autographe. Je m'accuse de l'avoir lu pour la première fois. Je fus tout ébloui par cet éclat tropique. Quelle étonnante combinaison de raffinement et de primitivité dans les tableaux naïfs et émouvants, et dans ce singulier langage, composé de deux éléments ! Quelques-unes de ces pages, j'ose l'affirmer, sont parmi les meilleures dans votre œuvre. Tel est le commencement du VIe chapitre (Fleur en venir de pleur, sanglot du cœur...), dont la splendide harmonie est un exemple triomphal de l'Instrumentation Verbale. Tels sont encore les chansons récréant la poésie javanaise, poésie barbare et originelle. Excusez bien ma curiosité, mais je ne puis ne pas vous demander si Java vous est connue de près...*

Pour vous exprimer quelque peu ma reconnaissance, je vous ai envoyé mon dernier recueil de vers : Urbi et Orbi. *Comme j'avais depuis longtemps plusieurs de vos livres, j'avais donc gardé les livres-cadeaux et envoyé les doubles à une jeune fille, qui s'intéresse beaucoup à la poésie nouvelle, à Rostov-sur-Don, ville située au bord de la mer d'Azov. Je me plais à croire que vos vers seront lus même dans cet endroit, à dire bien malheureux.*

. . . .

. . . .

Croyez, Monsieur, à mon profond respect.

Valère BRUSSOV

Monsieur et très cher Confrère,

J'ai bien regretté de n'avoir pas eu la chance d'être chez moi lorsque vous me fîtes l'honneur d'y venir.

J'ai, par contre, eu le bonheur de vivre en l'intimité de votre esprit en lisant le livre I de Dire du Mieux, *ou ce qu'en contient ce premier volume.*

L'essor de votre pensée est magnifique, et j'admire sans réserves sa capacité d'embrasser tant de mirages métaphysiques et scientifiques. Je vous remercie bien fervement pour les joies du Savoir que vous m'avez permis de goûter.

A votre dévotion.

Paul ADAM

Saint-Tropez (Var) Plage de Granier
21 Janvier 1906

Monsieur et cher Maître,

. . . .

Une note de vous me fera le plus grand bien auprès de ceux que j'estime. Je suis fier d'être de votre bord et de marcher avec vous, honneur que je n'aurais pas osé espérer il y a quelques années. Vous avez été plus loin que n'importe quel grand poète dans un monde poétique que l'on soupçonne encore à peine sur notre planète et qui est splendidement beau et mystérieux. Philosophiquement, l'affreux jésuite réactionnaire que je suis se figure ne pas toujours vous accompagner, mais votre transformisme hyper-Darwinien a des arcanes si séduisants qu'il est des jours où je le préfère au mysticisme qui me travaille *et où je crois que vous êtes un million de fois plus mystique que les poètes de l'au-delà spiritualiste. Je crois qu'il n'y a pas d'opinions : Il y a des mots compris différemment, des mots qui sont des frissons. Ils divisent (oh ! le frisson qui divise ! quel français !!) les frivoles et réunissent les poètes, êtres des moins frivoles quoi qu'en disent Messieurs les pères conscrits de Versailles ou d'ailleurs.*

. . . .

.....et croyez, Monsieur et cher Maître, à la grande admiration et aux sentiments affectueux de votre tout dévoué

John Antoine NAU

d'Anvers, Mardi 7 h. matin.

Cher Monsieur Ghil et bien cher ami,

Merci, combien de fois merci et quel beau livre ! Il sacre d'un fleuron de plus la géante couronne que vous dressez : Œuvre *; et c'est en moi une admiration profonde pour ce bel équilibre intellectuel et cette suprême santé vôtre ; puis le robuste poète que vous êtes, sain, bon et utile, et comme vous nous dites votre vouloir affirmé en combien déjà de livres.*

J'ai passé toute ma nuit d'hier à vous lire et dès ce matin je vous écris l'oreille et la pensée pleine de vous et en vous. XIX, XXI, XXVIII, je les relis encore et j'y retrouve la Vie (« et vive vive vive — à l'été là iront... ») montée jusqu'à ses harmoniques, dans une mélodie continue, ah ! oui vivre, ce vœu. Et chose étrange, j'avais pointé cette nuit tant de vos vers pour vous dire combien je les aimais et voici que séparés du tout, je sens manquante l'orchestration idéale, tant cette unité vôtre est entière et complexe, et je crois que chez les vrais poètes il doit en être ainsi : rien ne peut être détaché, tout se veut à tout et en tout, car tout s'enchaîne, n'est-ce pas, en se transformant.

Je devrais donc vous recopier tout entiers ces trois chapitres et alors suivrait tout votre livre ; pourquoi sommes-nous si loin l'un de l'autre, j'aimerais tant vous dire tout ceci votre beau livre en mains.

. . . .

Les Ecrits *ont eu un très grand succès à « l'Association pour l'Art » ; ils ont été très demandés et très lus, et j'ai joie à vous dire qu'*En Méthode à l'Œuvre *a été pris en lecture par la plus grande partie de nos membres.*

Et maintenant, cher Monsieur Ghil, merci bien profondément pour le bonheur artiste que j'ai eu à vous lire et que je vous dois, et que je n'oublie.

Merci de tout cœur et fidèlement vôtre.

Max ELSKAMP

A Mademoiselle
Fernande Castelli :
de très respectueux
hommages de sympathie.
R G.

Mer montante

Bruit qui ne s'énumère, et sous l'atone nue
le rond soleil qui mut sa Loi, qui transparaît
en point ardent d'où s'amasser la révolue
l'onde du soir désert,
la Mer, que ne saurait

d'éternel arrêter les respirations tue
de tous les hommes morts en trophées ! arrivait
de dessous l'horizon qui limite ma vue
et le soupir de ma poitrine, — et elle avait

immensément, le mouvement qui outre-passe
et la guerre et les pas et les mots qu'en vain tasse
le poids multiplié de nos vivants trépas :

et elle était — qui vient de soi-même suivre —
de l'étendue que le temps ne tarit pas
et sur ma lèvre un goût de sel, mouillé de ré...

René Ghil

24 Avril 1916.

Cabourg.

ASPECTS [1]

(1) Le manque de caractères d'imprimerie du corps primitivement choisi a motivé une composition spéciale des articles parvenus en dernier lieu. Nous prions nos collaborateurs et nos lecteurs d'excuser le défaut d'unité dans la présentation qui en est résulté. (N. DE LA D.).

René Ghil : HOMME-DES-SORTS [1]

...son
contour serré,
pris dans les lignes de son Nom...
(LES IMAGES DU MONDE).

Rencontrer un esprit rare qui, existant, ne répète pas une myriade sans visage, mais existe, c'est une joie aussi peu fréquente que celle de voir une plante qui hante notre rêve, remplissant notre regard de nostalgie, ou de contempler un oiseau multicolore qui évite toujours notre ciel terne.

Et rencontrer un tel esprit est un bonheur qui ne trahit jamais.

Mais pour s'approcher de l'arbre cactus gigantesque, séjour de l'Aigle Clairvoyant déchiquetant le Serpent-adorateur-de-la-poussière ; — mais pour penser profondément sous l'ombre de l'arbre de Tulé dont l'âge est six millénaires et dont le tour pour être encerclé exige un chœur de trente ou quarante hommes, il faut aller au Mexique. Il faut aller au pays des temples du Soleil et de la Lune, le Pérou, au royaume des pyramides solaires, des téocallis rassasiés de sang, le Mexique, pour apercevoir le tire d'ailes aussi fin que la palpitation des cils, le vol du colibri dont les images sont le rubis, l'émeraude, et le saphir, et le topaze, et l'épars, et la danse de foudre, et la danse du glaive, et l'apparition du dieu de la guerre des Aztecs, Ouitzilopochtli.

Entre l'âme qui cherche et les buts qui surpassent notre quotidienneté s'étend l'espace des océans. Mais ayant humé le parfum amer et fortifiant de l'espace, l'âme gardant dans son regard clair et inaccessible tous les lointains océaniens s'approche heureuse d'une plante unique, d'un oiseau qui est la fête, d'un esprit caressant en soi-même les cimes de la connaissance et des lumières fulgurantes.

C'est ainsi que je me suis approché une fois de l'esprit bien solitaire et bien riche de René Ghil.

Quand est-ce que j'ai connu la première fois le nom de René Ghil ? Oh, les grains du temps s'éparpillent si leste-

(1) *Cet article a été écrit directement en français par l'auteur.*

ment ! C'était hier. C'était il y a quarante années, chacune avec treize lunes.

> *Décrûs et crûs — des temps de même voûte, aux signes innumérés des mêmes lunes...*
>
> *(LE TOIT DES HOMMES).*

C'était la dernière année de mon lycée maudit, de mon bagne intellectuel, et c'était le commencement de mon chemin littéraire. J'avais fait imprimer alors dans une petite revue illustrée de Saint-Pétersbourg mes trois premières poésies. Me préparant aux examens définitifs, à un moment de fatigue mortelle, j'ai ouvert une grande revue de socialistes masqués, des *Narodnikis* (Amis des paysans) et j'ai commencé à feuilleter un article sur les courants nouveaux de la littérature française. On parlait de René Ghil. Comment pouvait-on parler en Russie d'un poète en 1886 ? A cette époque-là le mouvement intellectuel soi-disant libérateur mettant au dessus de tout les questions sociologiques visait la mort de la Poésie — et blessée, assourdie, aveuglée, la Poésie était dans un sommeil cataleptique. La revue russe dont je parle indiquait René Ghil comme un homme de talent, mais elle le persiflait impitoyablement. Jeu facile et peu digne, un critique minuscule construisait du nom du poète nouveau un calembour. Le mot russe *ghil* signifie *absurdité*. Mais le critique ne soupçonnait pas que le mot polonais de même son signifie *bouvreuil* : un oiseau d'hiver dont la gorge est de flamme, le premier messager du printemps.

C'est beaucoup plus tard, à l'époque où les premières tempêtes de ma vie littéraire étaient déjà loin, que j'ai lu les œuvres de René Ghil et que j'ai apprécié son envergure puissante. Son nom très signifiant et très expressif a jeté une étincelle créatrice dans l'âme d'un jeune rêveur qui entrait dans son avril et, malhabile mais combatif, sûr d'une lutte proche, d'un orage grondant et de la victoire planante haut, cherchait en tâtonnant tout autour de lui des frères aînés.

Le charme de la personnalité de René Ghil, tel le charme d'un chêne sacré des Druides à la ramure pleine de voix fatidiques, je l'ai connu dans la maison de Madame Alexandra de Holstein, âme ignée, Russe très russe et aimant la France comme une Française. Du premier moment que j'ai vu le Grand Poète j'ai senti sa force magnétique. Ce visage pâle et calme, ces cheveux très noirs, ce regard profond gardant maints secrets non dits, tout ce qui était visible dans René Ghil évoquait dans mon âme l'image d'un chaman, d'un sage-sorcier asiatique ayant appris à lire tout facilement les hiéroglyphes bondissants des feux d'un brasier, d'un magicien dont la voix hypnotisante balance les longues psalmodies du vent des steppes. Beauté d'un monde intérieur bien circonscrit, condensé, plein d'entre-visions et qui ne veut pas se communiquer trop vite. Est-ce que le corbeau au plumage d'acier bruni, oiseau-élu des guerriers scandinaves et d'Edgar Poë, ne construit pas son nid dans les tours des cathédrales les plus hautes ou dans les montagnes hors du voisinage des hommes? Est ce que le léopard, dont la patte tombant sur la proie laisse une trace indélébile, ne paraît pas être très calme et même plein de câlinerie?

La force intérieure est droite — de la droiture de l'épée.

Il n'est pas de regard qui puisse, à la prunelle
sans mouvement de l'Homme-des-Sorts, aheurter.
Elle attire, et tient loin : l'on est ainsi — dans elle —
qu'un oiseau dans la main, qui meurt de palpiter !

(LES IMAGES DU MONDE).

Et encore...

...l'Homme-des-Sorts ne dit pas
dans la nuit les mots simples de la lumière, et
dit :
Ils s'étendent sans se trouver de points extrêmes.
Ils sont les Sans-Mesure...

(ibid.).

Je ne sais quoi d'immense et de sans mesure émanait toujours de la personnalité de René Ghil aux heures de nos rencontres rares, mais toujours lumineuses et imprégnées de l'amitié sublime.

Cette amitié distinguée, ainsi que celle de Madame de Holstein, m'a valu en 1916 un don précieux : *Quelques Poèmes*, un choix de mes poésies cosmiques, adaptées à la langue française par le Grand Maître avec une habileté sûre et avec une sensibilité clairvoyante.

La richesse grenue de l'ŒUVRE de René Ghil, cette théorie de gerbes lourdes dont l'enchevêtrement n'est pas pour amuser des regards superficiels, mais, fin d'un travail robuste, n'est que le commencement et la prophétie des travaux renouvelés et des joies fraîches, a trouvé en Russie des amis fidèles et reconnaissants. Certes, ce n'étaient pas nos *Narodnikis* dont la cécité et l'inanité ont préparé notre Aujourd'hui

Innommable. Les hommes d'une autre race ont recréé la sensibilité poétique russe. La jeunesse littéraire russe de la dernière décade du XIXe siècle et des premières années du XXe a formé un groupe assez agressif — et assez laborieux pour assurer une moisson bien suffisante. Il faut indiquer les noms. C'était une triade : un linguiste excellent, Serge Poliakoff, un grand poète, mon ami et mon frère-rival, Valère Brussoff, et moi. Nous avons créé une bonne maison d'éditions, *Le Scorpion,* et une revue guerroyante, *Viessy, La Balance.* Ayant plusieurs qualités mentales communes avec René Ghil, Valère Brussof a su l'apprécier dans toute sa plénitude, il a fait entrer dans son œuvre poétique beaucoup d'éléments créateurs du Grand Maître et, réalisant sa manière autoritaire, il a aux lecteurs de *La Balance* très bien fait connaître René Ghil.

Ce n'est pas seulement une seule fois qu'à l'heure paisible et contemplative de minuit, dans l'atmosphère d'une conversation amicale et profonde, je disais à René Ghil : « Mon grand ami, je lis vos œuvres — et je ne vous comprends que très peu ». Il souriait. Ah, ce sourire bénin et pardonnant. Il y avait je ne sais quoi d'une jeune fille dans ce sourire, il y avait je ne sais quoi d'un sage chinois ou tibétain. « Oui, c'est difficile », disait-il invariablement, sans aucune nuance moqueuse.

Et cela dure. Relisant les livres de René Ghil je me perds dans des méandres serpentant à l'infini. Je suis dans un brouillard, cependant distinctement je me sens être parmi des montagnes, les précipices y respirent — j'adore les précipices — et de temps à autre des éclairs fulgurants, des explosions sonores de la foudre triomphante me font chanter des louanges à l'Univers et remplissent mon cœur de ravissement.

Je voyageais dans l'Inde. Un jour, — où ? je ne sais plus précisément, — dans la voiture du train dans lequel je parcourais des plaines immenses qui me rappelaient la Russie, entra un grand seigneur afghan. Quelque chose dans ma figure — je ne sais quoi — l'a frappé. Il prit place près de moi et il parla avec moi longuement, éloquemment, me fascinant de plus en plus. Mais il ne comprenait ni le russe ni l'anglais. Il parlait l'afghan, — si une telle langue existe. Je ne comprenais pas mon ami de l'instant — et je le comprenais admirablement. Il tâchait à me convaincre que son Pays est le meilleur pays du monde et qu'un voyageur aussi acharné que moi doit aller avec lui dans son pays. J'en ai été ému profondément. Cependant je devais continuer ma route.

Une halte. Un moment fugitif. Comme une ombre est venu cet homme remarquable. Tout d'un coup il est parti, tel un esprit.

Qu'est-ce qu'il a trouvé en moi, un passant si humble ? Je dis que je ne sais pas. Mais moi, je sais bien ce que j'ai vu, comme dans une vision lumineuse, en lui. J'ai vu immédiatement que c'était un grand seigneur. Et sa voix était si pénétrante que je comprenais ses nuances les plus fuyantes. C'était l'âme qui parle ! C'était un Homme-des-Sorts. Sa voix, je ne l'oublierai jamais. Noble, sincère et saisissant, ce son a la puissance de franchir l'espace et le temps, le pouvoir de transpercer même une barrière bien affermie, même une montagne infranchissable.

Constantin BALMONT

RENÉ GHIL MYSTIQUE

Le mysticisme de Ghil c'est sa conception du Poète : le poème est la prière qu'à *primes*, à *matines* et à *laudes* le Moine récitait avec une piété humble et grande !...

Les faiseurs de vers qui ne croient pas à la vocation s'amusent au jeu des rimes : ce dilettantisme était odieux au philosophe d'*En Méthode*, à l'aède en la ferveur de qui l'Univers devient Dieu, tandis qu'il le recrée rythmiquement.

La même passion se retrouve chez Edgard Poë, chez Baudelaire, chez Mallarmé. Elle consacre aussi la poésie de John Antoine Nau. La Source de leur inspiration est une mystique du Verbe. Pour ces auteurs — ils méritent d'être ainsi nommés — il n'y a pas d'intermédiaire entre le poème et Dieu : peu importe les modalités, les formules de leur créance. Elle est l'alpha et l'oméga de leur vouloir : elle englobe leur synthèse et la soutient.

Cette mystique est profondément humaine, car l'Absolu ou l'Infini n'ont de sens poétique que selon le Moi et par lui. L'Idée, soit ! Mais qu'est-elle sans le héros ? Il faut bien que l'Idée prenne forme de poème !

Le Geste Ingénu, le Pantoun des Pantoun l'établissent pour René Ghil ; et, généralement, si l'on veut pénétrer son Œuvre-Une, c'est sous l'angle humain qu'il la faut considérer.

Jean ROYÈRE

RENÉ GHIL ET LA SCIENCE

Celui qui étudie la poésie scientifique au XIXe siècle ne peut manquer d'y constater l'importance de René Ghil. Après 1870, c'est le nom, d'ailleurs très pur, de Sully Prudhomme qu'on cite le plus souvent dans cet ordre, mais c'est à tort, car il fut plutôt un philosophe et la vision du *Bonheur* n'est rien moins que scientifique. Jean Richepin célébra avec faste le protoplasma et le spermatozoïde, distilla les larmes,

> Eau, sel, soude, mucus et phosphate de soude,

et eut le mérite de faire comprendre qu'on ne peut aujourd'hui traiter des sujets vastes et vitaux comme *La Mer* qu'en s'aidant des acquisitions et des hypothèses de la science moderne dans un dessein de synthèse (1886).

Au même moment paraissait, d'un jeune poète à peu près inconnu, un manifeste qui, publié presque tous les ans avec des retouches, devait faire le plus grand bruit, fournissant aux chroniqueurs des boulevards matière à plaisanteries et offrant un sujet d'étude aux jeunes gens. C'était le *Traité du Verbe*, de René Ghil. La lecture en est beaucoup plus facile que celle de ses poèmes ; et, agrémentée de fort spirituelles âpretés sur ses contemporains et particulièrement Jean Moréas, la brochure fut bientôt connue de tous les curieux. René Ghil, dont le sens critique était très délié, a nettement dénoncé l'animisme de tous les poètes appelés philosophes, mais il n'a pas su rendre justice aux devanciers dont il profita, car il tentait, au fond, une sorte de conciliation entre l'essence de l'œuvre de Leconte de Lisle et la forme de Mallarmé. Son manifeste, d'un ton prophétique, se divise en deux parties. Dans l'une, il prétend tirer des études de Helmholtz sur l'acoustique les principes d'une musique verbale : rien ne s'y oppose en principe et la tentative de René Ghil serait même plus intéressante que le mallarmisme ; mais, en pratique, les études de Helmholtz sur l'acoustique n'ont pas encore été poussées assez loin pour qu'une poésie — qui doit toujours être l'expression harmonieuse d'idées assez profondément intégrées à l'état d'instinct — puisse provenir d'elles : et René Ghil est trop simpliste quand il prétend, à lui seul, c'est-à-dire en une génération, corriger le travail de déformation sociale par lequel les siècles ont amené le langage et la poésie à leur état actuel.

Dans l'autre partie, il envisage l'inspiration poétique en elle-même. Le devoir du poète est, selon lui, l'intuition de la science de l'avenir par la possession de celle d'aujourd'hui, « ou bien la poésie n'a plus le droit d'exister ». C'est nier la poésie qui est la dernière voix où se résume le passé qui va disparaître, et ainsi a bien également sa puissance dramatique ; mais c'est poser avec force les vraies conditions de la poésie spéculative.

Il reste à considérer son ŒUVRE. Elle a été composée sur un programme rigoureusement fixé à l'avance. Malgré le titre dont elle se réclame, elle tient de la poésie philosophique plutôt que de la poésie scientifique : une sorte de scolastique adaptée au transformisme, à la métaphysique progressiste où l'amour est considéré comme une force inhérente.

Dans une langue puissante, qui doit sa bizarrerie et son ingratitude plus à l'emploi de néologismes tirés du bas-latin qu'à une terminologie scientifique, il évoque magnifiquement la genèse : son verbe rocailleux s'attarde à la description tourmentée de l'époque de la pierre et du métal, de l'ignition et des volcans ; puis son verbe fluide décrit l'âge de l'Eau où la vie prit naissance pour se différencier et évoluer « aléatoirement ».

Ses transitions ne nous laissent pas bien apercevoir la période où la bête qui rôdait dans l'eau se risque à l'air puis sur la terre : aux brusques cavalcades du rythme l'on comprend que l'on est parvenu à l'époque où la marche et la course s'animent sur le sol ; et aux battements inégaux de ce rythme, on discerne ensuite que le vol vient d'apparaître au-dessus du monde avec l'oiseau. Si l'on ne peut mesurer son savoir scientifique qui se cache aux replis de son œuvre avec autant de soin qu'il se met en évidence chez Delille ou M. Richepin, on sent que René Ghil admire religieusement le dogme de l'évolution qui n'est autre pour lui que celui de la Fécondité Eternelle.

Ce qu'il aima des premiers âges de la terre, c'est l'ivresse de la maternité, dont il a dit avec le même enthousiasme généreux que le Zola de l'Œuvre :

« Oh ! qu'ils sont beaux les ventres pleins ! »

Fervent croyant en le Progrès, loi du monde, il a montré

le même couple qui s'aime au commencement du monde, se développant aujourd'hui dans le décor d'une existence organisée par la science. En lui chante la même âme devant les sites de la nature brute et devant les paysages colossaux et artificiels élevés par l'industrie moderne. René Ghil s'arrêta autant au spectacle des emblavures, où la terre féconde garde son aspect antédiluvien, que devant les usines et les forges où le travail perfectionné se hausse à la beauté du labeur massif des premiers hommes au milieu d'une nature sauvage. Les genèses des usines l'inspirent, reproduction du travail ancien de la formation du globe : « la vapeur vertigineuse des volcans », l'« ardent métal amorphe entrant au gel du monde », sont des spectacles de construction et de progrès. Cet opiniâtre ouvrier du verbe est le chantre du travail industriel, mais il ne loue la science qu'avec la certitude qu'elle créera le bonheur futur de la masse, avec le vœu qu'elle ne serve pas seulement aux exploiteurs d'hommes. De même encore, si dans la grandeur géométrique des villes, « des villes de vie, de pierre et de fer », il se tient à la peinture dramatique des Trains et des Gares, il suit ardemment le passage fantômal des trains sur des campagnes préhistoriques, c'est avec la grande idée d'espoir que les trains vont au loin, partout, semer la fraternité. René Ghil, qui est de tous les poètes français celui qui se rapproche le plus, par son art verbal, de l'impressionnisme vibrant et chaotique de Paul Adam, porte une âme de large et serein optimisme, aussi limpidement confiante en la science que l'était celle d'Emile Zola. Aussi certains ont-ils pu regretter que son enseignement, qui eut été si précieux, ne fût servi par un style plus clair, une technique plus accessible. Quoi qu'il en soit, l'exemple de René Ghil, dont les poèmes sont hermétiques en étant scientifiques, aura l'utilité de prouver aux artistes de la doctrine mallarméenne que la langue peut garder du mystère en exprimant les vérités les plus nettes d'ordre scientifique, et qu'on accuse injustement la science de déterminer, à qui veut l'exprimer en vers, la clarté plate du style d'un Delille.

Marius-Ary LEBLOND

RENÉ GHIL ET L'ŒUVRE-UNE

L'ŒUVRE de René Ghil : quarante années de création, de gestation continue, de travail réalisateur. L'édifice s'élevait lentement, régulièrement, révélant à chaque nouvel apport son altière magnificence : brutale et soudaine, la mort n'a pas permis que le grand artisan du verbe en posât le couronnement.

René Ghil concevait de cette seule manière le labeur de l'écrivain : l'*œuvre-une,* assez vaste par sa composition et son développement pour que l'artiste, sa vie durant, y consacre la totalité de son effort.

Selon lui, la vie du poète doit s'identifier avec l'œuvre, sans vaine dispersion. La conception synthétique est le critère de tout art majeur, excluant rigoureusement l'anecdote imaginée, comme l'interprétation lyrique des émotions ou des impressions individuelles. Il n'admet point que le rôle du poète soit seulement de sentir et de chanter. Le poète, au contraire, ne doit rien ignorer de la connaissance universelle : il sera tout d'abord un savant auquel nulle notion humaine ne demeurera étrangère, puis un philosophe apte à discerner l'enchaînement immémorial des causes et de leurs effets, enfin un moraliste qui dictera aux hommes leurs dogmes et leurs lois. Ainsi, parmi ses précurseurs, Ghil réservait son approbation à ceux-là seuls qui ont hautement conçu et puissamment entrepris : Lucrèce, Salluste du Bartas, Hugo de la *Légende des Siècles,* Strada et son *Epopée humaine,* Zola et sa vaste fresque scientifiquement étayée.

René Ghil avait vingt-six ans lorsqu'après le second *Traité du Verbe* et le premier *Geste Ingénu,* se séparant de Stéphane Mallarmé, il arrêta le plan de l'ŒUVRE à laquelle ne devait pas suffire sa belle carrière d'écrivain. Il rejeta dès lors l'esthétique symboliste ; il renia et détruisit les livres qui lui avaient valu sa jeune célébrité.

Dès 1888, l'ample cosmogonie vivait tout entière dans sa pensée, avec ses trois cycles, — triptyque colossal et rigoureusement ordonné. Il devait, par la suite, y apporter des modifications incessantes, mais pourtant superficielles, la ligne générale demeurant immuable. Le poète, épris de perfection et tourmenté d'absolu, ne considérait la tâche accomplie que pour souhaiter de la parfaire encore.

C'est ainsi que, de 1901 à 1912, il interrompit l'élaboration de la seconde partie, *Dire des Sangs*, dont deux volumes avaient déjà paru, pour réviser la première partie achevée, *Dire du Mieux*. Il sacrifia donc plus de dix années au remaniement, en vue d'une réédition meilleure, des huit tomes précédents, — remaniement minutieux qui portait sur chaque image et sur chaque accord verbal, et qu'aucun de ceux à qui l'Œuvre était familière n'avait songé à croire désirable. Ce souci de perfection, unique peut-être dans l'histoire littéraire, atteste la haute conscience d'artiste de René Ghil.

La mort a frappé le poète à l'heure même où il venait d'achever et d'envoyer à l'impression le dernier volume du *Dire des Sangs*. La troisième partie, *Dire de la Loi*, disparaît avec lui. On ne connaîtra que les titres des deux chants qui devaient la composer : *Le Dieu qui détruit, Les Lois et les Rites*. C'est une perte considérable, mais non un écroulement. Avec ses deux cycles entièrement achevés, l'Œuvre se présente comme un tout. Elle se suffit ainsi. Elle forme une double tétralogie aux proportions égales et symétriques : deux édifices parallèles, d'une magnifique ordonnance, que ne dépare point l'absence du dôme terminal qui devait les réunir et les dominer. Quatre chants de part et d'autre, qui, selon le vœu du poète, contiennent dans leur ensemble une synthèse d'humanité, — depuis la formation évolutive du Monde, depuis les éveils de la vie, du désir, de la conscience et des instincts, jusqu'aux crises suprêmes de la guerre et de la faillite sociale, prévues avec une surprenante lucidité. Une Somme enfin, dans laquelle l'inspiration poétique, l'orchestration verbale, la science biologique et l'histoire humaine confondent leurs éléments.

Que René Ghil ait été influencé dans une certaine mesure par le Drame wagnérien, ceci ne paraît guère douteux. Poète par la conception première et par la création des images, il procède de la composition symphonique dès qu'il passe au développement verbal de sa pensée. Tel vers assourdi évoque un chant de hautbois, telle interjection un heurt de cymbale, telle incidente un mélancolique appel de cor, telle période véhémente une mêlée de cuivres. Nourrie de science exacte, la pensée forte et grave est entraînée dans un déchaînement d'harmonies, parmi lequel s'allument les images multipliées et prodigieusement suggestives. C'est donc très près de Richard Wagner qu'il convient de placer ce créateur unique, dont la technique ne peut se référer qu'aux méthodes de la composition symphonique, et dont l'idée précise ne trouve son expression totale que dans la complexité de l'orchestration.

Monument d'une architecture impeccable et d'une merveilleuse cohésion, l'ŒUVRE étonne encore par sa diversité dans l'Unité. L'évocation d'une scène de la préhistoire et celle d'un atelier industriel en travail, le tableau d'une fête villageoise dans une bourgade poitevine et celui des danses rituelles chez une tribu primitive, le mouvement d'un tourbillon d'atômes et la ruée d'une foule en délire peuvent se correspondre aux divers chants du poème unitaire : la même puissance d'animation donne à chaque scène un égal relief, et ce sont là les panneaux successifs d'une seule fresque, qui embrasse tous les stades humains.

Une fresque, vraiment : car la vision picturale, l'étude plastique, se révèlent aussi nettement que l'orchestration phonétique. Et l'art de René Ghil apparaît dès lors comme une synthèse de tous les arts, aussi bien que l'Œuvre est synthèse du Temps et des Forces.

La mort du Poète a pu plonger dans l'affliction ceux qui le connaissaient et l'aimaient : sa mémoire grandira aux yeux des hommes. Avec le recul nécessaire, hors des déformations trompeuses de l'actualité, l'ŒUVRE se dévoilera dans sa prestigieuse ampleur. Elle livrera son opulent trésor de rythmes nouveaux. *La Loi* n'y sera pas inscrite ; mais son seul nom, avec sa signification hautaine, gardera la valeur d'un suprême et définitif symbole.

Marcel BATILLIAT

RENÉ GHIL, POÈTE ÉPIQUE

Un poète vient de nous quitter. Verlaine et Mallarmé avaient salué ses débuts. Le public avait entendu parler de ses amples et ambitieux desseins. Il n'ignorait pas que ce poète d'aujourd'hui ne ressemblait à aucun autre. Il n'osa cependant affronter une œuvre poétique conçue, une architecture d'ensemble, sans rapport avec ces « poésies fugitives » qui sont devenues pour un instant l'unique forme de la poésie. Il fut intimidé en face d'une langue qui semblait faite pour les seuls initiés. Il eut peur d'une réputation d'obscurité et d'hermétisme. René Ghil rencontra pourtant aux diverses étapes de sa carrière des admirations sincères et de vives curiosités. Il est d'ailleurs évident que certains poètes modernes agréés par le grand public ont, d'une manière ou d'une autre, subi son influence.

L'avenir dira ce qui peut subsister de cette œuvre imposante. Il formulera les réserves que comporte toute tentative humaine. Le nom du disparu sera souvent évoqué lorsque se posera à nouveau l'éternelle question des rapports de la poésie et de la connaissance, de la poésie et de la métaphysique, de la poésie et de la musique. La position que René Ghil prit vis-à-vis des courants de pensée et d'art de son époque apparaîtra sans doute comme assez singulière. Contemporain des symbolistes, il ne chercha pas comme eux à s'évader mystiquement du monde tel qu'il se révélait à la connaissance de son temps. Il voulut au contraire donner à sa poésie une base métaphysique fondée sur cette connaissance.

Par certains caractères de son art, René Ghil se rattache cependant au symbolisme. Il suffit d'indiquer la hantise des modes musicaux d'expression, le goût des grands mythes qui enveloppent la pensée d'un vague profond et d'une brume de mystère et enfin ce tour suggestif qui révèle l'invisible par des correspondances sensibles. Si j'avais à caractériser brièvement l'œuvre de René Ghil, je crois que je la définirais ainsi : l'épopée de l'époque positiviste souvent incantée sur des modes symbolistes d'expression.

Epopée ! Ce mot éclaire beaucoup des discussions que Ghil soutint avec les poètes symbolistes. Les symbolistes, de manières très variées, étaient tous des poètes lyriques, Ghil était par le plus profond de lui-même un poète épique. Les symbolistes voulaient descendre encore plus avant que leurs prédécesseurs aux abîmes du moi et le saisir dans ses aspects les plus complexes, les plus instables, les plus mouvants et les plus individuels. Ghil s'élevait contre cette perpétuelle et monotone contemplation des chatoiements du moi. Il trouvait que cette poésie personnelle manquait d'horizon. Comme Flaubert, il pensait que le vaste univers est chose plus importante qu'une fugitive individualité. Comme Auguste Comte, il n'attendait pas miracle du regard perpétuellement tourné vers l'analyse de soi-même. Il voulait que la Poésie « prît et reprît, selon la plus lointaine tradition, sa vraie valeur de sens Universel ».

Comme c'est le cas pour toutes discussions entre gens loyaux, les contradicteurs avaient tout ensemble tort et raison. Ghil et les symbolistes avaient tort les uns et les autres en croyant qu'il existe « la Poésie » en soi, objet à définir intellectuellement ou à découvrir intuitivement alors qu'en réalité, aussi longtemps qu'il y aura des hommes et avec des éclipses partielles de l'une ou de l'autre forme, deux manières au moins de concevoir la poésie affirmeront leur existence : d'un côté le Lyrisme, de l'autre l'Epopée. Il y aura toujours des poètes qui se pencheront sur les vertigineuses profondeurs du moi, univers aussi riche que le monde extérieur, et il y aura toujours des poètes qui, ouvrant un regard émerveillé sur ce qui les entoure, chanteront l'activité des hommes, le bruissement des métiers, les phases des civilisations, le bourdonnement joyeux de la Paix et le trépignement hagard de la guerre. De tels poètes fascinés par l'activité universelle aspirent à chanter les forces géantes de la Nature et s'efforcent de capter le frisson des métaphysiques et des religions qui lient l'homme d'un jour à l'éternité du monde. L'antagonisme de Ghil et des symbolistes, c'était en partie le malentendu des poètes lyriques et du poète épique, nécessaires cependant les uns et les autres à la vie totale de leur époque. Comme les uns et les autres furent de bonne volonté, que l'avenir les réconcilie !

Dans son fond, l'effort de Ghil s'apparente aux grandes tentatives épiques du XIXe siècle, au vaste projet de Lamartine dont restent *Jocelyn* et la *Chute d'un Ange,* aux *Poèmes Antiques* de Leconte de Lisle, à la *Légende des Siècles* de Hugo. En particulier, il y a plus de rapports entre le dessein de l'ŒUVRE et celui de la *Légende des Siècles* qu'on ne le croirait à première vue. En une suite de fresques expressives, Victor Hugo voulait tracer le développement de l'humanité, mue par la loi du Progrès jusqu'à l'avènement d'une époque de perfection. René Ghil tente à son tour une sorte d'épopée de l'Univers où le monde travaillé par la loi d'Evolution tend obscurément vers une prise de conscience de lui-même de plus en plus large et de plus en plus profonde. Ce dessein est assez conforme aux philosophies nées en marge de la science positiviste du XIXe siècle et n'est pas sans présenter çà et là quelque rapport avec telles idées de Renan.

Laborieusement, René Ghil s'attacha à l'étude des grandes épopées antiques. Nul doute qu'il n'ait regardé de fort près les épopées hindoues, l'épopée homérique, l'épopée didactique d'Hésiode. L'épopée hindoue semble l'avoir tout particulièrement frappé. Il y avait en Ghil une âme très lointaine qui se retrouvait elle-même en s'identifiant à l'énormité des forces cosmiques. Cette âme se reconnut dans le miroir des épopées hindoues. Les visions cosmogoniques des hindous par leur caractère démesuré, par leur aptitude à refléter la vie géante et multiforme des énergies qui soutiennent le monde, fascinèrent Ghil. A la science de son temps et aux philosophies positivistes, il empruntait l'idée d'évolution et l'idée d'une marche du monde vers le plus de conscience ; chez les vieux hindous, il trouvait des mythes en accord avec son tempérament et en accord avec sa vision évolutive de l'Univers. De là, par exemple dans l'ŒUVRE, la fantastique et hagarde évocation du dieu hindou Shiva, le dieu qui détruit, personnification de l'Esprit de Vie qui, mouvant le monde en éternelle évolution, défait et recrée sans cesse les mouvantes apparences de toutes choses.

René Ghil remarqua également que les grandes épopées de jadis étaient en un sens de véritables « sommes ». L'épopée homérique, aussi bien que l'épopée dantesque, mirent toute la vie de leur temps, toutes ses idées et la manière même dont il rêva l'Univers. De telles œuvres qui plongent à plein dans la vie de leur époque sont en même temps des cosmogonies. De même que la théologie du Moyen-Age sert de toile de fond à l'épopée du Dante, de même que la vision de l'Olympe grec avec ses dieux de beauté sert de toile de fond à l'Iliade et à l'Odyssée, de même Ghil a voulu donner pour toile de fond à son épopée moderne, une vision de l'Univers établie en marge de la science du XIXe siècle. C'est pourquoi l'hypothèse évolutioniste vit à l'arrière-plan de l'épopée ghilienne. L'ŒUVRE où vont s'exprimer les aspects les plus différents du développement humain à travers le temps, s'ouvre d'ailleurs par une curieuse vision cosmique où, parmi l'énormité des énergies en action, la Terre naît et se forme selon les hypothèses de Laplace encore admises au XIXe siècle.

C'est par sa logique intérieure de Poète épique prenant une pleine conscience de la Tradition épique que Ghil crut qu'un poète de son genre doit se faire une vision totale de l'Univers, c'est-à-dire une métaphysique. En qualité d'homme du XIXe siècle, il crut que cette métaphysique cosmique ne devait pas être demandée aux religions déclinantes, mais jaillir dans le prolongement même de la science positive qui substitue ses données aux anciennes cosmogonies. On a souvent mal compris ce que René Ghil demandait à la science. On a cru qu'il voulait mettre en vers les découvertes scientifiques de son temps ou même chanter les lois formulées par les savants. Ghil n'a jamais songé à pareille chose. En qualité de poète épique, il voulait une conception de l'univers, une représentation des rapports de l'homme et du cosmos et il a cru que seule la science pouvait lui permettre de construire pareille vision. Ghil a demandé à la science ce qui fut demandé par Homère et Dante à la religion de leur époque, en des temps où la religion était l'autre nom de la science.

Il nous est maintenant facile de comprendre que pour Ghil le frisson poétique s'identifie au frisson cosmique. Faire œuvre épique c'est, pour Ghil, agrandir d'une manière fantastique tout geste, tout épisode en faisant apparaître ces faits particuliers comme des manifestations fugitives des énergies de l'Univers en éternelle évolution. Tout fait humain, tout geste individuel, tout sentiment personnel doivent faire pressentir derrière eux les forces cosmiques en devenir, qui se révèlent dans l'ascension des sèves et dans le tumulte des guerres, dans les bras de l'homme tendus vers le divin et dans l'extase d'une mère qui berce son frêle enfant.

C'est ainsi que pour Ghil, l'individuel doit toujours s'élargir dans l'universel et l'éphémère dans l'éternel. Il y a là une manière d'amplifier prodigieusement tout fait humain ou naturel qui est de l'essence même de l'épopée.

Aussi d'un bout à l'autre de l'ŒUVRE, on sent palpiter d'une manière obscure et puissante, derrière toutes les activités de l'homme et des choses, l'esprit de vie caché dont la force hagarde fait jaillir le cortège éternel des apparences passagères.

Il était le désir et le germe, et l'ardeur
de la terre après la grande pluie, et l'odeur
de la nuit autour de l'eau saumâtre. Il était
le goût du sel aux plis mouillés des lèvres et
les graines du monde poussaient dans sa moiteur.

Cette perpétuelle suggestion de l'esprit de vie en mouvement pressenti brutal et enivrant, implacable et ineffable, cruel et extasié derrière tous les visages du monde et de la vie, est comme la clef de voûte de l'œuvre épique de René Ghil.

Et des morts aux vivants va l'Esprit de la Vie.
Il se traverse lui-même en dévorant et
mouvant tout, et mêle l'une en l'autre et en soi
la danse de détruire et de produire. Il est
qui a des noms et qui n'a pas un nom. L'émoi
vertigineux qui d'éternité monte au long
du pied pressé du peuple-végétant, est la
sonorité de son élan...

Et c'est ainsi qu'une sorte de vertige cosmique, une sorte de frémissement d'Univers orchestre tout ce qui chez le poète est d'ordre particulier et individuel.

Cependant, et toujours à la manière des grands épiques, René Ghil a compris que le fantastique agrandissement de l'épopée entraînait, comme élément destiné à rétablir l'équilibre, une forte part de réalisme familier. L'esprit de vie s'incarne dans l'énorme et effarante évocation de Shiva dont tout geste au centre de la Roue de Vie défait des univers, fait crouler des soleils et jaillir des fusées d'infini ; il s'exprime également aux gestes trottinants d'un jeune chat qui erre négligemment dans un jardin. Et c'est quelque chose d'un accent tout différent :

Il a toute l'après-midi, en dormaillant
musé par les plants des petits pois, qu'il dérame
et qu'il égousse et mange un à un, et, sillant
au soleil, tortillé de ses dents le lait doux
des salades, et long-senti de nez qui pâme
les grands pampres rampants et lourds des potirons
et des melons, dont le hante le goût dissous
de phosphores, quand ils seront mûrement ronds !

L'esprit de vie se révèle au tourbillonnement des soleils et des planètes, il se révèle aussi aux délicatesses du Renouveau. Une palpitation d'univers se trahit dans

L'eau savoureuse des printemps, qui dégouttèle
à tous nœuds des rameaux trop pleins de l'immortelle
saveur du monde...

Puisque l'occasion s'en présente, n'y a-t-il pas lieu de faire remarquer combien certains vers ghiliens sont évocateurs des divers spectacles de la nature? Voyez par exemple ce lever de lune :

..... le soir s'en allait
du regret éternel des paupières orantes :
et d'or terne à l'opposite, la lune ronde
dans l'horizon de nuit massivement violet
se trouva haute de la tristesse du monde.

Tous les travaux humains qu'ils soient de la campagne ou de l'usine prendront à leur tour une valeur épique puisqu'en eux tressaillera le principe de l'activité universelle.

Voici la poésie des travaux des champs si intensément sentie par Hésiode et par Virgile. Quel tableau de gravité, de fécondité et d'ampleur infinie s'inscrit dans le travail de ces bœufs qui achèvent leur sillon alors que s'épand la prime caresse de la lune :

Doux de lune vont lents les taureaux pleins de songe
et en pesant, pointant son geste d'aiguillon
l'homme de reins pliés en la paix grande, plonge
et pousse l'éternité du long sillon...

Qu'il s'évoque à son tour le lourd travail des usines... L'esprit de vie en douleur créatrice chante dans la peine des hommes ployés sur les enclumes :

Cent ils sont, non plus mille ! ô Torses nus que hâle
le tourment de houille et de limaille ! marteaux
virants en martelant d'un heurt humain de râle.

Mû par le désir d'inscrire l'épique suggestion de la vie universelle dans la totalité des choses, il est curieux de constater qu'un poète aussi hautain et d'expression aussi savante que René Ghil ait souvent pris plaisir à retrouver les rythmes naïfs des chansons populaires.

Entendez cette jeune femme qui tressaille de toute sa chair et de toute son âme en l'attente du jour prochain qui la rendra mère. Avec amour, elle manie le fuseau qui lui sert à ourdir le lange qui enveloppera le corps du nouveau-né :

Ah ! Vire-va, mon doux Fuseau
qui sais la nuit où il prit vie !
Mon ventre sent un poids d'oiseau :
Ah ! Vire-va, mon doux Fuseau
et travaillons en rires, au
très doux lange de mon envie !
Ah ! Vire-va, mon doux Fuseau
qui sais la nuit où il prit vie...

Ces quelques exemples suffisent pour montrer que René Ghil a cherché tout comme les anciens poètes épiques à exprimer la vie dans sa totalité.

Comme eux encore, il a retrouvé la vision « animiste » de la nature. Toutes choses vivent immensément et sourdement dans l'œuvre de Ghil. Elles sont gonflées de l'essor même de la vie universelle. L'univers est un rut d'énergies qui se tendent derrière toutes les formes tangibles. Les dieux eux-mêmes enfantés par le rêve des diverses générations apparaissent dans l'œuvre ghilienne comme les symboles de ces énergies évoluantes qui font germer les mondes et les êtres. Et leurs physionomies en prennent je ne sais quelle ampleur monstrueuse.

Cette vision ghilienne de la nature avec ses caractères de démesuré et d'exubérance fait songer à la vie pullullante et magnifiquement écrasante de la jungle ou de la forêt vierge. Il semble parfois que Ghil ait retrouvé la mentalité d'un primitif qui, regardant d'un œil vierge cet abîme de forces tendues qu'est le monde, entre en vertige devant l'énormité de ses visions. Un tel homme ne cherche pas à contempler son moi. Il est subjugué par l'immensité du monde, il se sent un fragment de tout cela, une vague où chante la voix titanique de l'océan. Il n'est pas séparé du monde, il est lié à tout et ébloui de tout. Il est en épouvante et en adoration devant les forces qui tourbillonnent autour de lui. René Ghil a tenté de retrouver le frisson « des Humanités anciennes et comme plongées encore parmi les énergies directement agissantes de la nature » et cela est bel et bien épique. Pour le poète lyrique, le moi est la réalité de premier plan ; pour le poète épique, le moi est évanoui dans le monde et le poète lorsqu'il se cherche trouve le monde avant de se percevoir lui même. Ce n'est pas par hasard que René Ghil rattachait le Poète tel qu'il le concevait à l'homme sans moi, à l'Inspiré de jadis à travers qui parlait la voix de l'univers, au sorcier des sociétés disparues « qui se mirait en toutes choses et tous êtres du monde ».

De plus en plus, les liens naïfs entre l'individu et l'Univers se rompent. Jamais l'homme se contemplant dans l'énigmatique miroir de son moi ne s'est apparu si triste, si exilé, si séparé des choses, des êtres et même des autres hommes. Les liens de fer par quoi les sociologues le rivent chaque jour un peu plus à l'Idole société ne font que l'inquiéter un peu plus chaque jour. Un poète comme René Ghil réussit parfois à nous arracher à la séduisante et désolante contemplation de notre moi. Il nous fait nous oublier nous-mêmes en nous plongeant dans le flot énorme et doux des énergies universelles où l'être se dilate à l'infini. Il brise par instants le miroir illusoire de la conscience individuelle et nous place horrifiés et ravis devant le vierge pullullement des choses, des êtres et des mondes.

Que la tentative ghilienne ait toujours parfaitement abouti, c'est une question que, pour l'instant, nous ne voulons pas examiner. Peut-être désirerait-on parfois que le sens instinctif dont René Ghil était doué pour l'harmonie l'ait plus souvent emporté sur le trop systématique et trop volontaire emploi des moyens d'orchestration formulés par le théoricien du verbe. Contrairement à la plupart des appréciations sur René Ghil, nous pensons que ce qui a donné à l'ŒUVRE cet aspect un peu roide, un peu escarpé, ce n'est pas d'avoir voulu fonder la Poésie sur des métaphysiques nées de la science du XIXe siècle, mais d'avoir raccordé à ce dessein une application un peu rigide parfois des théories sur l'Instrumentation Verbale, par elles-mêmes d'ailleurs fort intéressantes. Il en résulte que çà et là la Poésie ghilienne ressemble à une déesse majestueuse enveloppée d'un manteau de la plus riche étoffe, tout étincelant de pierreries aux feux les plus divers, mais ce manteau précieux, à l'occasion, contraint un peu la marche de la déesse. Ou bien, faut-il dire tout simplement que la prodigieuse densité de la poésie ghilienne, aussi amplement orchestrée qu'une symphonie avec sa complexité d'idées, de visions et d'accords polyphoniques, demanderait pour être pleinement goûtée une époque accoutumée à lire les poètes d'une manière moins rapide qu'un journal quotidien ? A l'avenir de répondre. Pour le moment, nous ne voulons sentir que la douleur d'une grande perte.

Gabriel BRUNET

LA PENSÉE DE RENÉ GHIL

Reçus par René Ghil dans le recueillement du cabinet de travail que Madame René Ghil et lui-même avaient dévotieusement orné « aux couleurs des Asies », nous avions l'impression de pénétrer dans un sanctuaire et, lorsque le Maître parlait avec des inflexions de voix chaudes et expressives d'un rythme intérieur, nous nous sentions, comme des initiés hindous écoutant leur instructeur, prendre conscience de nos aspirations et nous révéler à nous-mêmes.

René Ghil avait en effet une âme de prêtre oriental exilé en occident. De là chez lui une certaine nostalgie, qui l'avait poussé, lors de son adolescence, à écrire des poèmes lamartiniens du reste vite reniés, et qui devait plus tard lui dicter, en plein épanouissement de son inspiration, son admirable *Pantoun des Pantoun*, où tout l'Orient est incanté.

Mais, s'il s'est avéré disciple de la pensée asiatique dans la mesure où, conciliant des contradictions apparentes, celle-ci fait vibrer les forces cosmiques à travers les méditations de la conscience individuelle, il ne s'est jamais associé aux tendances nihilistes qui cherchent une délivrance dans la négation du monde sensible, dans le renoncement à l'action et dans l'anéantissement du désir. Toute sa vie il s'est refusé à fuir, à dérober l'individu aux devoirs que lui impose l'existence. C'est pourquoi, s'aventurant audacieusement sur le terrain métaphysique, il a voulu donner une base scientifique à la synthèse qu'il a tentée.

Rien n'est figé. La vie n'a jamais commencé et ne cessera jamais. Eternellement tout devient, tout se transforme, tout évolue. Mue par l'amour ou attraction universelle, la matière éternelle et illimitée, « unité synthétique non consciente d'elle-même », obéit à la loi de la condensation et de l'expansion, qui assure la perpétuelle création du monde et sa conservation. Suivant un mouvement figuré par une ellipse,—qui, agitée d'un battement, tendrait tantôt à redevenir un cercle, tantôt à s'allonger en ligne droite, sans jamais atteindre ces limites, — deux tendances, deux pôles, entrent en action pour se connaître et, se libérant, donnent naissance à une nouvelle création, troisième élément de l'unité trinaire. Ce processus se répète sans cesse et ainsi se trouve déterminée l'évolution.

La matière « par la succession de son divers phénomène tend éternellement à prendre conscience de tous ses éléments et de toutes ses propriétés. Elle opère continuellement son analyse, — elle se développe pour se connaître, et aux divers degrés du processus vital se sent, s'éprouve, se pense, se recrée consciente... » (1).

De ce système, qui concilie l'idéalisme et le matérialisme,— puisque l'esprit, c'est-à-dire le plus de de conscience prise du tout, émane perpétuellement de la matière, dont en même temps il est le moteur et le mouvement, — se déduisent une morale et une esthétique, l'une et l'autre confondues.

« Etre vient de savoir et qui saura sera » (2). L'individu a le droit et le devoir de se cultiver, non en se limitant étroitement à son moi, mais en prenant contact avec la vie ambiante dans ce qu'elle a de plus vaste, et en tendant à la connaissance du monde et de soi-même, instant et fragment du monde.

Il arrive, sous l'empire de circonstances en apparence fortuites, que des souvenirs latents, des expériences et des aspirations ataviques, des sen-

(1) René Ghil. *De la Poésie scientifique.*

(2) René Ghil. *En Méthode à l'Œuvre.*

timents informulés, remontent brusquement en nous de la pénombre du sub-conscient, de la nuit de l'inconscient, et provoquent une « communion rapide entre notre moi et la prime émotivité de la substance », mais cette intuition ne nous apporte qu'une sorte d'éblouissement fugitif et fragmentaire. Elle nous laisserait dans la situation d'un aveugle ne percevant du monde qu'une vague luminosité, si l'observation objectivement contrôlée et l'association logique des idées, c'est-à-dire la recherche scientifique, ne nous permettaient à la fois d'étudier minutieusement l'univers et d'en dégager les lois essentielles.

A l'artiste, à l'écrivain, au poète en particulier, dont l'activité créatrice peut comprendre toutes les autres, il appartient de vivifier d'intuition la philosophie, la science, pour exprimer le tout à travers chacun de ses aspects par une reprise de contact direct avec la sensation et le sentiment. Loin d'imposer à l'art et à la littérature la tâche ingrate de diffuser des connaissances ou de défendre des thèses, René Ghil se contente de recourir aux structures scientifiques pour rendre à la poésie sa signification rituelle et sacrée.

Il place ainsi la pensée, mais la pensée baignée dans le mystère ambiant, au sommet de la hiérarchie sociale, non pour conseiller un égoïsme fat et borné, mais pour préciser des devoirs d'autant plus impérieux et d'autant plus nombreux qu'ils s'adressent à une intelligence plus évoluée.

Contre la théorie du moindre effort il s'insurge. Il ne nie pas « que tout organisme tende par adaptation à accomplir le moins de résistance possible », mais il riposte que cette adaptation n'est que la résultante et le point de départ d'efforts tenaces et prolongés.

Aussi impitoyable que Villiers de l'Isle-Adam, il condamne, avec une sévérité singulièrement clairvoyante quoique peut-être excessive, la tyrannie de la machine. Il déplore l'abandon des campagnes et la mort des petites villes. Aux désordres engendrés par l'industrialisme, à la vaine poursuite d'un confort qui excite des appétits sans cesse accrus, il oppose la sagesse orientale, qui cherche l'équilibre dans le développement des qualités intellectuelles et morales.

Au reste, quoique la doctrine de René Ghil forme un ensemble homogène, rien n'oblige à la considérer comme un dogme intangible. Plus encore que la lettre même de sa pensée, l'ambiance où celle-ci se meut, son envergure, sa puissance dynamique permettent d'affirmer qu'il est par excellence ce que M. Gabriele d'Annunzio appelle un animateur. Il pénètre profondément dans les régions obscures de notre être où s'enchevêtrent des impondérables ; il rattache chaque instant à tous les passés qu'il résume, à tout le futur qu'il contient en puissance ; il envisage en fonction de l'énergie universelle chaque sensation, chaque sentiment, chaque idée, chaque aspect de la nature, chaque découverte ou invention de l'intelligence humaine. Il nous invite à tâcher, selon notre voie propre, notre tempérament, nos conceptions, de synthétiser en nous le monde tel qu'il est ou qu'il apparaît, pour rayonner ensuite au dehors et identifier, selon le concept bouddhiste, notre conscience individuelle à la conscience collective, à la conscience totale.

Que René Ghil, d'autre part, ait voué au service du sacerdoce qu'il s'était assigné l'existence la plus noble et la plus désintéressée, qu'il ait été sans défaillance digne de lui-même, âme chaleureuse et concentrée associant à une énergie sereine une harmonie douce qui commandait à la fois l'affection et le respect, voilà qui confère la valeur d'une discipline haute et pure au mysticisme scientifique du poète qui demeure, dans son ŒUVRE, comme dans notre souvenir, notre conscience toujours vivante.

Georges JAMATI

LES DÉCOUVERTES TECHNIQUES DE RENÉ GHIL

L'INSTRUMENTATION VERBALE ET LES RYTHMES ÉVOLUANTS

Peu d'exemples démontrent aussi péremptoirement que celui de René Ghil la nécessité d'abolir, une fois pour toutes, la vieille distinction scolastique entre le fond et la forme. Pour qui non seulement a compris la philosophie de René Ghil et ses prescriptions d'unité et de logique enchaînement, mais encore a connu l'homme et s'est appliqué à son contact à saisir les démarches conjuguées de sa sensibilité et de son intelligence, la technique de l'Œuvre apparaît fatale, déterminée, inéluctable.

Toute la pensée du Maître part de la science. Son rêve était d'organiser un univers aussi coordonné que le monde réel, à la fois un et multiple. D'autre part, nul plus que lui n'eût le culte de l'intuition. Ne savait-il pas que pour enclore dans l'art non seulement le connu, mais aussi l'ignoré, il fallait user de suggestion ? Or, toute suggestion, superposée à l'énoncé et au descriptif, naît de la forme. Son rôle est le plus profond : c'est elle qui tente l'évocation du mystère et qui atteint l'âme des choses.

Il était donc normal et rationnel que René Ghil se construisit un langage et une prosodie basés sur la science, mais susceptibles d'interpréter, à travers les perceptions sensorielles et les concepts, l'émotion religieuse et totalisante indicible. Non seulement un tel processus devait se dérouler : il devait encore être conscient. Aussi dans l'édition définitive et complète du *Traité du Verbe, En Méthode à l'Œuvre,* après avoir exposé son *Principe de Philosophie Evolutive,* lorsque René Ghil aborda la *Manière d'Art,* relia-t-il par un principe général la forme au fond, pour l'indissoluble unité de la récréation verbale.

« En premier lieu, écrivit-il, nous rappellerons que doivent participer des ondes du Tout, toute œuvre et toute partie d'œuvre poétique : c'est-à-dire toute œuvre poétique n'a pour moi de valeur qu'autant qu'elle se prolonge en suggestion des lois qui ordonnent et unissent l'Etre-total du monde, évoluant selon de mêmes Rythmes. » De cet axiome, le poète déduisit ensuite que, la vie étant mouvement, la « manière d'art » devait s'affirmer mouvement. La musique seule, parmi tous les arts, avait jusqu'alors satisfait à cette loi, et surtout la musique instrumentale. Il ne lui manquait, pour constituer l'art par excellence, que la détermination du sens que confère seulement la parole. Et le raisonnement se poursuit. De même que les instruments sont, selon Schumann, des voix humaines, de même, selon René Ghil, les voix seront des instruments. L'idée des valeurs phonétiques et timbrales des voyelles était émise. Il restait à la dégager.

Le Maitre s'appuya alors sur les travaux du physicien Helmoltz. Fondant ainsi directement sa recherche sur la science, il détermina les timbres des voyelles d'après leurs séries d'harmoniques. Il les combina aux consonnes et put élaborer un tableau d'assimilation des sons articulés aux principaux instruments de l'orchestre. Allant plus loin, il classa les différents ordres d'émotions provoqués par les paroles : émotivité instinctive, imitation, sentiment et pensée. Dans l'ordre de l'imitation, il poussa son étude jusqu'à l'audition colorée, enrichissant son tableau de valeurs picturales et rejoignant, avec quelques variantes et des précisions, l'inspiration célèbre d'Arthur Rimbaud. La valeur imitative du langage, selon René Ghil, s'avérait donc triple, savoir : phonétique, graphique et chromatique.

Voilà donc retrouvé le pouvoir suggestif appartenant en propre à chaque voyelle, groupant des harmoniques distinctes et dont la consonne prépare l'émission. Le sens du mot se double de sa vertu évocatoire et le langage revient, mais consciemment, aux caractères originels, si bien définis par cette phrase : « L'émotion a produit l'expression phonétique et le souvenir l'a gardée et reproduite en la nuançant. » Ainsi rapprochant, unissant, interceptant, alternant, contrariant des groupes de sonorités, René Ghil aboutit à une réelle orchestration, capable d'émouvoir simultanément par la signification des mots, par la suggestion contenue dans les sons et par les couleurs évoquées.

Telle est l'*Instrumentation Verbale.*

Restait le rythme. La diaprure des sonorités, leur hauteur, leur intensité et leur longueur, la succession de leurs accents, de leurs temps faibles ou forts, devaient s'y inscrire pour exprimer le monde selon ses propres lois. Le vers régulier, sous ses aspects parnassien, romantique et classique, ne pouvait répondre à cette exigence. La césure fatalemeni prévue, le retour périodique de la rime, l'équidistance préconçue de tous les accidents du rythme constituaient autant d'entraves au surgissement de la pensée devenue chair et vie dans le verbe.

Pourtant le cerveau synthétique et ordonné de René Ghil ne pouvait supprimer du vers la mesure. Il fallait, pour satisfaire son intelligence autant que ses instincts, qu'à la diversité des rythmes une norme d'unité présidât. Il conserva donc, à la base de son système, l'alexandrin syllabique, « vers premier et résumant », qui « détermine de sa seule longueur numérique, un premier rythme, général et identique à lui-même » et impose à l'évolution des autres durées une « unité de temps. »

Analysant les caractères de ce « mètre », le poète énonça la loi des quantités partielles, deux et trois, qui le régissent et qui, multipliées, constituent les « eurythmies » et, additionnées, les « modes dissonants. » Usant des combinaisons possibles, il s'agissait alors, en multipliant les rejets et les enjambements, de varier, dans le cadre du vers de douze pieds traditionnel, les rythmes successifs exprimant l'idée selon les flexibilités des impressions et le déroulement de la vie. Une phrase musicale sinue et ondule de mesure en mesure, développant son énergie jusqu'au point d'orgue où s'épanouit la ligne mélodique. De la sorte se vérifiait la définition du rythme proposée par le Maître : « le mouvement de la Pensée consciente et représentative des naturelles et harmonieuses Forces. »

Logiquement René Ghil ajoutait : « Il paraît inutile d'insister sur la nécessité naturelle de suppression de la Strophe. Lorsqu'en durées évoluantes, parmi la durée de l'Alexandrin, l'Idée évolue, la peut-on voir un instant s'astreindre à des retours périodiques de rimes et d'intervalles rigidement déterminés ? » Voilà donc rénovée la laisse, de longueur irrégulière, et l'ordonnance des laisses dans le poème, des poèmes dans le livre, des livres dans l'œuvre.

René Ghil trancha aussi la question de la rime. Il la conservait pour marquer, sans ordre « préconçu et illogique » et seulement lorsque c'était nécessaire, l'unité de durée qu'est la mesure numérique du vers. Mais il l'enrichissait dans l'intérieur de ce vers d'assonances et d'allitérations continuelles. Ajoutons à cela l'importance que le poète attachait à la prononciation de l'« e muet », considéré par lui comme un « précieux élément instrumental », susceptible de prendre « toutes nuances selon sa place. » Et il écrivait avec amour : « Il sied de n'éteindre de lueurs de la diaprure phonétique, et nulle vague douce de la mer entière des durées harmonieuses. »

Ainsi l'exposé du principe des *Rythmes Evoluants* nous ramène à ce qui constitue l'essence même de la technique ghilienne et la résume : l'*Instrumentation Verbale.*

Des exemples ? L'ŒUVRE entière illustre la théorie et montre l'infinité des ressources qu'elle apporta. René Ghil composa ses poèmes comme un musicien des symphonies, selon les règles d'une « Harmonie » à correspondances spirituelles. Cette harmonie, comme celle des musiciens, s'appuyait sur la science acoustique pour mieux participer des lois universelles que la pensée qu'elle devait exprimer tâchait de scruter et de révéler. L'intuition, par les chances de suggestions que la méthode nouvelle lui ouvrait, complétait le rationnalisme. Et nous nous trouvons en présence d'un instrument si délicat et si puissant, si propre à nuancer toutes émotions, de l'aigu au grave, du simple au composé, de l'idylle à l'épopée, que sa seule contemplation abstraite est déjà pour l'esprit un ravissement. C'est, comme l'ŒUVRE qui lui donna la vie concrète, une admirable et impérissable construction.

Mais, pour manier l'instrumentation verbale, pour utiliser tous les claviers et tous les registres de cet orgue, sans rompre la spontanéité créatrice, quelle science profonde, et surtout subconsciente, il faut en posséder ! Quel automatisme complexe à acquérir ! Quelle virtuosité ! Quoi d'étonnant, dans ces conditions, que René Ghil ait seul réussi à jouer de façon égale et permanente de l'instrument qu'il s'était forgé à la mesure de son génie ? Une telle création, bien que raisonnée, impliquait une nécessité de son tempérament. Tous ses dons, sa subtilité de cœur et d'esprit, la finesse rare de ses perceptions dans le domaine musico-verbal, le préparaient à la maîtrise de l'exécution.

Aussi n'est-ce pas dans sa pureté native et dans son ampleur intégrale que l'instrumentation exerça son indéniable et continue influence. Le vers-libre des Symbolistes, avec les recherches sonores dont il s'enrichit, lui doit, pour une large part, l'existence. Il s'est dégagé de la loi d'unité, édictée par René Ghil, pour ne retenir que la diversité polymorphe : car ceux qui l'ont peu à peu mis au point ne professaient sans doute pas des conceptions métaphysiques qui les obligeassent à confronter leur technique à des données générales scientifiques ou philosophiques. La liberté des rythmes et des neumes suffit à leur doute comme elle suffit à celui de la génération actuelle.

Quoi qu'il en soit, l'esprit même du Maître perdure à travers ces avatars. Il est le plus grand rénovateur de la prosodie française. Il sied de le proclamer, pour ceux qui bénéficient, plus ou moins directement, de la révolution qu'il a faite. Combien légitime apparait alors l'enthousiasme de René Ghil pour sa découverte, lorsque, dans son *En Méthode à l'Œuvre*, il déclarait lyriquement que désormais les timbres des voyelles, répétés ou intervertis suivant de multiples combinaisons, « exprimeront un idéal ondulement de la pensée et de la parole qui participera des ondes de l'univers : du valonnement des horizons et de l'ondulation des mers et du vent, aux pulsations des éphémères et de notre sang et de notre âme ! »

Paul JAMATI

DE L'INTUITION DANS LA POÉSIE DE RENÉ GHIL

Lorsqu'après l'actuelle et légitime ruée vers cette mine, pour d'aucuns inexploitée, qu'est le subconscient, on pourra dresser le bilan des recherches, en examiner l'apport et l'influence sur la production contemporaine, lorsqu'on aura déterminé en toute liberté l'exacte valeur du nouvel instrument proposé, — il siéra de se préoccuper de l'attitude prise par les écrivains des époques précédentes devant ce subconscient, l'emploi qu'ils en firent, la place, prédominante ou non, qu'ils lui conférèrent.

René Ghil, grand précurseur, s'est, à cet égard, expliqué très nettement ; mais, là comme ailleurs, la majorité des critiques appelés à juger un tel Poète n'a pu se hausser jusqu'à lui. Il y a donc lieu, sur ce point, de fixer les grandes lignes d'une étude qui apparait trop vaste pour qu'on désire, à l'occasion de cet « Hommage », l'épuiser.

* * *

René Ghil, poète et esthéticien des plus lucides, fut amené à préciser son processus poétique, à le dégager de sa manière d'art. C'est en poète épique, demandant à la Science le souffle capable d'animer son chant à travers tous les stades d'évolution où il situa l'Humanité, qu'il analyse ce processus et y distingue trois temps.

Le 1er, d'acquisition : le Savoir et la pensée du savant qui expérimente en sont le prototype. C'est donc une période de recherche et d'analyse très vaste ; elle est surtout d'expérience, — l'expérience même de la vie.

Le 2me temps est celui de l'Inspiration, qu'il assimile logiquement à l'Intuition. Il insiste sur la nécessité, pour conserver toute fraîcheur à cette inspiration, de s'évader de l'emprise particulière de l'expérience (« L'Expérimentateur est pour longtemps épars »). Le poète qui a appris, c'est-à-dire acquis par l'expérience dirigée suivant un esprit scientifique, doit, au moment de la création, se livrer pur, débarrassé de toute acquisition précise, à l'inspiration « nécessaire et motrice ».

Mais l'apport de cette inspiration n'est, en lui-même, pas suffisant. « Elle ne nous peut contenter en ses aperceptions soudaines et espacées », et si elle se fait prier, « il est possible de l'atteindre par successives approches ». C'est alors qu'intervient le 3me temps : sur cette base d'intuition le poète induisant et déduisant plus vite et plus loin, grâce aux acquisitions réapparues, devra « authentiquer en une parole multiple, ordonnée d'après les phonétiques valeurs, le plus du présent et le plus de l'avenir : en Synthèse et en Hypothèse ».

Ainsi, en continuant à examiner sous l'angle de l'épopée ces temps de création, on peut dégager les qualités de l'émotion transcrite : « éperdument cérébrale », « totale et illimitée », et qui, impersonnelle dans l'essence, pourra au cours de la composition, « à propos de chaque aspect de la Vie-totale, se dissocier et permettre à la sensibilité propre à chaque poète de s'exalter et d'entrer en activité ».

* * *

Mais ne retenant de cet exposé que la part conférée à l'Intuition, nous trouverons dans l'œuvre critique de René Ghil (1) les définitions primordiales nécessaires, qui sont en elles-mêmes les arguments capables de légitimer une manière de voir.

Assimilant d'abord inspiration à intuition, il les

(1) *Le Traité du Verbe. En méthode à l'Œuvre. De la Poésie scientifique. La tradition de Poésie scientifique.*

situe toutes deux au « moment palpitant où la cérébralité du poète s'unit tout à coup, en certitude éblouissante, à l'essence même des choses qui sont sous sa méditation... » et s'élève contre la tendance d'une superstition qui fait de l'inspiration une révélation d'origine divine « dont le Moi humain, comme passif, ne serait point lui-même la cause ».

Qu'est donc, selon lui, l'Intuition ? — C'est « le point d'une Synthèse si rapide que l'esprit n'a pu en saisir les immédiats termes analytiques. Car du fait d'une méditation profonde dont l'intensité vibratoire réveille d'onde en onde d'autres vibrations différenciées tout à coup accrues en diverses localisations du cerveau, — soudain, par la seule force d'affinité logique, les résultantes se sont précipitées, produisant comme ce coup d'éclair dont toute notre cérébralité retentit ! »

Voici donc posé par René Ghil, bien avant d'autres, le problème des rapports entre le conscient et le subconscient. Ce problème, il l'a résolu selon sa propre manière d'art. Tout d'abord, il prétend (et n'oublions pas que pour lui, poète épique et cosmique, tout se tient, et dans son ŒUVRE et dans l'Univers) que nous pouvons aller du conscient au subconscient et, par là, forcer l'inspiration. Le Poète recrée volontairement son ambiance ; l'énergie de sa pensée consciente pénètre « en cette énorme partie d'ombre prolongeant notre Moi réalisé qu'est le Sub-conscient ». Qu'advient-il de cette action cérébrale volontaire ? — Soudain, la pensée consciente met « en co-vibrations les potentielles accumulations d'obscures perceptions qui, de proche en proche, selon le heurt déterminant, s'ordonneront en une aperception à large et surprenante commotion... »

Il examine ensuite la nature même du subconscient : la part que nous percevons des sensations est minime, et cependant tout heurt de l'extérieur a marqué en nous son empreinte. Or, « en notre cerveau, de l'Inconscient au Conscient, par association tout se tient et se continue ». Donc, « *à l'instant de pensée intense où toute la sensibilité et tout l'intellectualisé de l'être concourent, toute idée (produite de sensations perçues et réfléchies) peut, par simple mécanisme d'association, éveiller les éléments de même ordre que nous ignorons exister et évoluer aux prolongements obscurs de notre Moi et nous révéler davantage ce Moi* ».

Et René Ghil va plus loin. Connaître ce Moi conscient et inconscient en communion avec le Tout n'est qu'un moyen de connaître davantage du Tout. On le voit ainsi, à propos de l'intuition, poser les caractères de la poésie cosmique. A ce sujet, et en digression, n'y aurait-il pas lieu, dans l'étude du sens universel que René Ghil voulait donner à sa poésie, de prétendre que le Poète, dans les rapports de l'Humain à l'Univers, envisagea, en même temps qu'un conscient et un subconscient humains, un conscient et un subconscient universels ?

* * *

Dans ce subconscient humain, le seul qui nous préoccupe actuellement, René Ghil fait une très grande part « plus ténébreusement profonde, quoique plus profondément vitale et universelle » à la survie des Hérédités et des Atavismes, « somme d'innombrables " moi " dont le peuple obscur, résistant, descend animalement à l'origine " instinctive " ». Mais le point capital de cette partie de sa théorie réside dans le rôle particulier qu'il attribue au subconscient, celui d'être, grâce à sa texture de présents et de passés, un pont entre le Moi cérébral et l'Essentiel des choses par où l'énergie intuitive, de vibrations en vibrations, peut rapporter au conscient la certitude d'un contact avec cet essentiel même.

* * *

C'est alors qu'intervient pour René Ghil le travail poétique conscient. La communion a été établie « entre le Moi et la prime émotivité de la Substance », les données de l'intuition ne sont que fragmentaires ; cette dernière, sous l'influence de la méditation, s'élargira d'émotion et de beauté, (et ici le Poète préconise sa méthode scientifique) pour devenir « la déterminante d'une plus ou moins nombreuse Synthèse ». Nous n'avons pas à examiner dans cette étude le rôle de la Science tel que l'a définie le Maître de la Poésie scientifique, mais, dès maintenant, nous pouvons prétendre, même sans envisager les conséquences de ces théories, qu'on ne peut qu'indiquer ici, que l'importance étonnante attribuée, depuis quelques années, aux manifestations de l'Instinct dans le mécanisme de la pensée humaine n'avait pas échappé à René Ghil, qu'il avait résolu pour son compte personnel tous les problèmes la concernant comme il avait résolu, d'ailleurs, les problèmes philosophiques, éthiques et sociologiques, posés par une interprétation personnelle de l'évolutionisme.

Aussi est-ce en toute connaissance de cause qu'il put, avant de mourir, préciser son attitude devant certaines tendances poétiques actuelles (1).

« Non sans quelque ostentation de savoir que l'on détient le seul vrai sens d'une vieille nouvelle qui court ! il a été, ces temps-ci, assez parlé de " subconscient "... Beaucoup d'ignorance peut-être, leur créant une ingénuité première, d'Aucuns de la Littérature et de la Poésie d'après-guerre se sont alors précipités à l'acceptation hâtive de spéculations auxquelles de surprenantes sinon puériles déductions, donnaient un air de trouvaille à grand retentissement.

. . . .

Avouant, d'une sincérité concise qui nous agréa,

(1) Préface pour l'*Orage qui fleurit*, par Halina IZDEBSKA. 1925.

une lassitude exercée et une inaptitude heureuse à la pensée ! ne les érigèrent-ils point en principe de : renoncement au contrôle de la raison, de l'intelligence et de négation de leur nécessité : pour, disent-ils, laisser parler sans contrainte le Subconscient ! »

Et nous ne pouvons que nous rallier à la magistrale conclusion (1) qu'il tire de cette critique, — conclusion qui, en elle-même, contient la Poésie : — « L'émouvant, le peuplé, l'envahissant, le véritable sens du Subconscient, — il s'exprime, il s'est exprimé à diverses puissances d'intuition et de suggestion en tous les poètes qui ont senti l'universel des sensations, des émois et des pensées remonter en leur être du loin des siècles, et qui les ont ordonnés en l'expression unitive de leur propre et seul être tout donné dans leur Poème ».

* * *

Pour nous, désormais, René Ghil s'identifie à son ŒUVRE. Elle et lui dominent notre époque de très haut. Elle a rendu à notre Poésie sa fonction sacrée. Il a été l'Inspiré. — Elle contient en puissance une nouvelle mystique qui donne une portée singulière aux rapports entre l'Homme et la Science. — Il a été le Poète-Savant : celui qui sait par et par-delà la Science.

Noël BUREAU

(1) Préface pour l'*Orage qui fleurit*, par Halina IZDEBSKA, 1925.

RENÉ GHIL ET SON INFLUENCE

Dans *Les Dates et les Œuvres,* René Ghil semble un peu me confondre avec ceux qui se sont montrés plus généreux envers le Symbolisme qu'à l'égard de ses propres idées. La vérité, c'est que, dans l'*Histoire Contemporaine des Lettres Françaises,* je me suis plu à consacrer quinze pages à l'« Instrumentation Verbale » et à la « Poésie Scientifique », alors qu'aucune histoire littéraire n'avait accordé jusque là plus de quelques lignes à René Ghil. Mais l'*Histoire Contemporaine* a paru en 1914, et peut-être l'influence de ce poète ne pouvait-elle, à cette époque, être aperçue comme elle l'est aujourd'hui, — bien que déjà je déclarais : « L'instrumentation verbale a marqué de son empreinte toute une période littéraire. La pensée, sinon la forme, de la « poésie scientifique », après avoir exercé une influence latente, s'est propagée jusqu'à la diffusion ».

C'est une loi douloureuse : tant qu'un écrivain est en vie, ses amis les meilleurs remettent à demain le souci de lui rendre justice. Le temps fait défaut. On est accablé de devoirs plus immédiats. La bonne volonté ne manque pas ; mais il faudrait s'arrêter, réfléchir, faire des sacrifices. On se dit : plus tard ! Toujours plus tard. Jusqu'à l'heure où c'est « trop tard » qu'il faut dire. L'écrivain est mort, sans savoir si ceux qui vont le juger ont bien mesuré toute l'étendue de son effort...

Ainsi pour Ghil. Rien ne faisait présager sa fin. Il est parti brusquement, et c'est seulement quand il n'est plus là qu'on se dit : « Pourquoi n'a-t-il pas eu la part de gloire qui lui revenait ?... Il eût été si facile d'illuminer ses dernières années d'un peu de légitime amour ! »

Mais non. Tout est cruauté, injustice, égoïsme, en ces « temps d'après guerre ». Et nous avons vu paraître une *Anthologie de la Nouvelle Poésie Française* où les plus jeunes revendiquent Baudelaire, Mallarmé, Rimbaud, Laforgue, Lautréamont, Germain-Nouveau, Apollinaire, Maeterlinck, Gide, Claudel, Jammes, Valéry, voire Montesquiou-Fezensac et Raymond Roussel, et font sur René Ghil un sépulcral silence.

Pourtant il n'est que d'ouvrir les yeux pour voir la répercussion des idées ghiliennes sur toute notre époque. Verhaeren ne se cachait pas d'avoir subi l'entraînement de l'auteur du *Vœu de Vivre,* — où se trouve déjà développé le sujet des *Villes Tentaculaires* et des *Villages Hallucinés*. Les autres contemporains de René Ghil : Louis Le Cardonnel, Stuart Merrill, Albert Mockel, Retté, Saint-Paul, Fontainas, Rambosson, chacun pour son propre compte, remuaient les théories encore confuses, émanées du *Traité du Verbe,* sur l'audition colorée, les concordances vocales, les acoustiques, la phonalité imitative, les raisons organiques de l'incantation verbale, et ils en tiraient des ressources nouvelles pour leur expression poétique. Gustave Kahn et Francis Vielé-Griffin, tout en combattant la « Poésie scientifique », n'ont pas été non plus insensibles à la gamme des valeurs harmoniques établie par René Ghil. Saint-Pol Roux, le grand créateur d'images, le précieux métaphoriste, n'eût peut-être pas, sans l'exemple ghilien, conçu l'ambition de « magnifier » la vie universelle. Marcel Batilliat lui doit sa formule du roman, considéré comme « Synthèse décorative de la vie », en ce sens que c'est dans l'atmosphère de Ghil qu'il en puisa l'inspiration. Les auteurs du manifeste sur le « Socialisme littéraire », publié par *l'Evénement*, le 13 avril 1891, mettaient le sens esthétique sous l'égide de la Science. « Si nous entrevoyons l'Art comme but suprême de la vie, disaient-ils, c'est dans la science que nous voulons le chercher, non dans la révélation. Pour nous, l'Art, c'est la Toute Science... »

On trouverait aisément des traces de ghilisme dans l'expansion lyrique que Georges Eckhoud et Albert Mockel baptisèrent « Paroxysme », dès 1893, et que Nicolas Beauduin devait appliquer à ses intentions de lyrisme moderne vers 1912.

Charles-Louis Philippe, John-Antoine Nau, Canudo fréquentèrent chez René Ghil avant de prendre position d'écrivains, et, soit dans la forme, soit dans l'idée, leur œuvre laisse voir l'empreinte qu'ils ont gardée de cette fréquentation.

Le « Synthétisme » de Jean de La Hire, l' « Intégralisme » d'Adolphe Lacuzon, le « Futurisme » de Marinetti, le « Cubisme » d'Apollinaire, le « Simultanéisme » de Barzun, le « Dynamisme » de Guilbeaux et Gossez ont, de toute évidence, des points de contact avec le « de l'Humain à l'Universel », le « rythme évoluant », le « plus-d'effort vers le mieux-être », les « lois physiques du langage », l' « instrumentation verbale », le « dessin graphique » et l' « émotion moderne » dont l'œuvre de Ghil illustre les concepts.

Moi-même, qui, en esthétique et en philosophie, ai combattu les théories ghiliennes, ne leur dois-je pas le souci de l'œuvre composée et l'idée première de mes recherches prosodiques? Et Marcello-Fabri, qui a su parler courageusement de Ghil, n'a-t-il été orienté par lui lorsqu'il a porté son choix sur la notion du « Synchronisme » ?

Que de noms ne faudrait-il pas citer quand on songe à l'extraordinaire ascendant que Ghil exerçait sur tous ceux qui l'approchaient ! Extraordinaire, en effet, car dans son extérieur aimable et presque timide, le maître de la Poésie scientifique n'avait rien d'un dominateur.

Je ne voudrais pas dresser une nomenclature. Mais comment ne point rappeler que Maurice Beaubourg, Sébastien-Charles Leconte, Mme Valentine de Saint-Point, Mme Perdriel-Vaissière, André Spire, Henri Hertz, René Arcos, André Ibels, Paul Castiaux, John-L. Charpentier, P.-J. Jouve, Robert Randau, feu Georges Périn, Alexandre Mercereau, Antoine Orliac et son « Métabolisme », Paul et Georges Jamati, Gabriel Brunet, René Morand, Noël Bureau, Alexis de Holstein, Paul-Emile Cadilhac et son « Roman d'expression symphonique », Abel Pelletier, C.-H. Savarit, Théo Varlet, Louis Mandin, Henri Huchart (je cite pêle-mêle), soit par leur ésotérisme verbal, soit par l'aspect rythmique de leurs poèmes, soit par le scientifisme de leurs tendances, trahissent des affinités certaines avec l'auteur d'*En Méthode à l'Œuvre ?*

Ce n'est pas tout. Georges Duhamel, Jules Romains, Georges Chennevière ont imaginé un vers en apparence amorphe, dont ils ont récemment dégagé et précisé les lois. Les principales de ces nouveautés métriques sont : l'accord renversé, l'avance d'accord, la rime intérieure, la rime imparfaite et les progressions sonores.

Voici quelques exemples qui montreront que René Ghil avait pressenti ces différents modes d'expression poétique :

1° *Accord renversé :*

... de sels et de lumi**ère** en des **luttes** d'aimants
et leurs amours, les dur**ées** où s'a**dultère**...

2° *Avance d'accord :*

... en l'air tendu des **pourpres** lianes, les plissés
vieux-visages que d'âmes **sourdes**, il sait être...

... sur **toi** la vertu des **mots** qu'on **doit**
entendre ainsi qu'un **mort** ! A dents **tortes**...

3° *Rime intérieure :*

A grands **heurts** de la ramure de **leur**
tête à l'os dur, d'entre la **pierre** d'Eau
dont la pouss**ière** emplit d'un sourd troupeau
d'images lorve**ment** mouv**ant**, le haut
du **temps**...

4° Rime imparfaite :

... gira de densités lovées le point **lourd**
de l'Atome, enveloppé du rond vestige **où**...

... de millions d'êtres de plus, les Grandes-**Halles**
... de la Terre traversant l'Homme que di**apre**...

5° Progressions sonores :

... tandis qu'aux sols âgés du ghilan des ghil, **hommes**...
monter l'astre de Zarathustra : au **Soleil**
qui de l'être partout épars unit les **sommes**
et aux Nuits dont traverse le vivant **sommeil**...

L'œuvre de René Ghil est une forêt touffue. Mais tout s'y trouve. Il suffit de feuilleter au hasard pour découvrir, tantôt des alexandrins du plus pur classicisme, tantôt des strophes à cadence mobile, des rythmes discontinus, des versets à mesures changeantes, tantôt des constructions cubistes, tantôt des vers accordés, et tantôt des vers désaccordés, souvent plus curieux que ceux dont nous ont dotés les avant-gardes les plus récentes. Ce qu'il y a de meilleur dans les méthodes dadaïstes et surréalistes, — car il y a des germes d'avenir et une méthode sous-jacente au fond des théories parées par la jeunesse du vêtement de l'excentricité, — on le trouverait facilement, si on l'y cherchait, dans les variations orchestrales de René Ghil.

Je cite encore ici quelques exemples :

« Faces calamistrant la sagesse de leur barbe. » — « Ellipsoïde tourne à tours d'ellipse. » — « Dans le détour des lignes de soi-même. » — « Empreint de Qui-rondit-le-Temps. » — « Des rivières longues d'odeurs. » — « La tête grosse d'airs bat un dinguant son de bourdon. » — « Le ventre mangeant le vent. » — « Ciel contractile de nuits en poids mous. » — « On entend les instants du temps parmi la mousse. » — « L'Homme-des-Sorts qui dit des mots qu'il mange en remuant le temps du pli de ses paupières. » — « L'onde en ondes à la limite ronde des horizons. » Etc., etc...

L'abandon de la syntaxe, les alliances de sons indépendantes du sens littéral, les images troublantes, les mots qui jouent entre eux, le galop des mots débridés, tout ce qui, depuis 25 ans, a permis aux jeunes groupements littéraires de faire figure d'écoles, un livre de Ghil en mains, on s'aperçoit en tournant les pages que l'auteur du *Traité du Verbe* en fut pour le moins le précurseur.

Mais l'influence de René Ghil ne s'est pas limitée à des indications verbales, qu'il s'agisse de valeurs de timbres, de leitmotive, d'harmonisations ou de tout ce qui touche au renouveau de l'expression poétique.

L'unanimisme, le dynamisme, le paroxysme, le dramatisme, qui, à la suite du futurisme, prétendaient approprier, non seulement le lyrisme, mais toute l'esthétique, aux exigences de l'industrie moderne, procèdent les uns et les autres de l'œuvre ghilienne, en sa partie consacrée aux forces mécaniques et aux activités d'aujourd'hui. Canudo, qui aimait déplacer des foules, les mouvoir, les faire évoluer, disait volontiers que ce goût lui était venu à entendre Ghil disserter sur la perception cosmique, la construction de synthèse, le sens universel, au nom duquel, d'ailleurs, le poète des *Images du Monde* condamnait la folie du « trafic » actuel, déviatrice de progrès.

Au surplus, ce n'est pas seulement en France que les théories ghiliennes ont exercé leur empire. Toute la jeune Belgique littéraire est marquée au sceau de l'instrumentation verbale. En Russie, où Valère Broussoff publia, en 1904 (dans *Viessy*), une étude sur la Poésie scientifique qui fit sensation, la pensée de Ghil fut accueillie avec une telle sympathie que des écrivains russes voulurent savoir s'il n'était point possible d'attribuer au Maître du *Meilleur Devenir* de lointaines origines asiatiques. Le ton de prophétie de plusieurs poèmes enthousiasma la jeunesse littéraire du pays slave, et Alexandre Blok, Ivanoff, Armen Ohanian, Siatcheslave, Théodore Sologoub, etc. fondèrent en Russie une Ecole nettement inspirée des principes ghiliens.

Ces idées directrices, d'autre part, n'ont pas été sans influence sur l' « Expressionnisme », formule d'art littéraire qui, en Allemagne, correspond actuellement à une combinaison de dramatisme, de dynamisme et de paroxysme, réalisée selon le génie germain.

En Angleterre, John Davidson s'est efforcé de répandre, en les resserrant dans cette formule heureuse, les principes fondamentaux de l'Ecole Scientifique : « La poésie doit être le poème complexe et essentiel de l'Univers conscient de soi ».

En Grèce, Costi Palamas, en Serbie, Sibe Militchich ont préconisé une poésie cosmique et scientifique s'exprimant musicalement. Et l'on pourrait trouver des traces de ghilisme en Arménie, en Egypte, au Japon, et chez les Américains.

L'art, pictural ou sculptural, n'a pas échappé à l'influence des Scientifiques. En 1922, on a vu au Congrès International des Artistes, tenu à Düsseldorf, s'affronter les tendances progressistes et synthétistes, séparées en deux groupes : les « Cosmiques », les « Constructivistes ». Il serait trop long d'énumérer les peintres et sculpteurs français qui, depuis l'équipée de Gleizes et Metzinger, se sont souciés davantage de construction architectonique, de mathématique et de philosophie que d'art proprement dit. D'entre les artistes les plus actuels, je retiendrai seulement les noms du peintre Gromaire et du sculpteur Moryce-Lipchytz.

Il faut avoir lu Ghil pour comprendre sans surprise que, dans son ouvrage *La Correspondance des Arts dans la Poésie contemporaine,* un docteur de l'Université, Melle M.-A. Chaix, divisant les poètes en trois catégories, range dans l'une d'elles : « Ceux qui construisent des théories de Correspondances, les rattachant à des ensembles philosophiques, et codifiant leurs emplois. Wagner en est un exemple typique, et M. René Ghil en est un autre ». Une autre thèse, celle de M. C. Fusil, intitulée *La Poésie Scientifique,* rattache gravement le système ghilien à notre tradition française. Je crains que beaucoup de ceux qui s'étonneront de pareils hommages n'aient rien lu de l'auteur qui nous occupe. Dans le monde littéraire, il n'est que trop habituel de juger sur des on-dit, d'étiqueter sans recours possible des écrivains dont on ne sait rien. Certaines originalités, certains génies (incomplets, peut-être ; mais quel génie est complet ?) déroutent la critique. On craint de prendre au sérieux un effort que d'autres ont jugé naïf ou dévoyé. Ainsi se consacrent souvent les injustices.

Je connais l'ŒUVRE de René Ghil. Elle me déplaît dans beaucoup de ses parties. J'estime que la Science est pour la Poésie un sujet, — non point son objet. Le langage que Ghil s'est créé de toutes pièces me heurte le plus souvent. Il me paraît un peu vain d'avoir mis tant d'énigmes dans le déroulement d'un poème dont le rôle était précisément de dénouer des énigmes. La religion transformiste et évolutionniste me semble ici bien exclusive. Le culte de la raison, au détriment des richesses subconscientes, n'a pas non plus mes préférences...

Mais j'affirme, l'ayant lue, que l'ŒUVRE ghilienne est un monument. Cette vaste épopée cosmique, dont le mode d'expression est sans équivalent en français, dont la structure et les variations harmoniques édifient un Art Poétique, dont le sujet par lui-même est grandiose, cette épopée, dis-je, impose respect et admiration. Et devant une vie consacrée à un tel rêve, devant une réalisation si magnifique dans sa nouveauté barbare, le devoir de l'honnête homme est d'inviter sans faiblesse la postérité à prononcer son verdict.

FLORIAN-PARMENTIER

RENÉ GHIL
ET LE PANTOUN DES PANTOUN

Au moment où l'âme haute et sereine du merveilleux poète que fut René Ghil vient à peine d'accomplir sa terrestre évolution, à l'heure même où le Maître semble se plaire encore et s'attarder parmi nous qui lui avions voué un culte d'amitié fidèle et de respect admiratif, il sied de rendre un pieux hommage au créateur et à l'artiste qui, après quarante ans de labeur probe et persévérant, laisse aujourd'hui presque achevée la tâche immense qu'il s'était imposée dès la première heure.

Il peut paraître superflu de remémorer ici la portée générale de l'Œuvre de René Ghil et l'influence qu'elle n'a cessé d'avoir sur la poésie contemporaine. J'ai eu ailleurs l'occasion de dire tout ce que nous devons à l'initiateur de la poésie scientifique comme au théoricien de l'Instrumentation verbale et du Rythme évoluant, et cette Revue a consacré à l'ensemble de l'œuvre ghilienne des pages définitives. Aussi voudrais-je simplement, aujourd'hui, dire mon admiration pour un poème composé en dehors de l'Œuvre-une et qui occupe une place à part dans la littérature contemporaine, le poème javanais *Le Pantoun des Pantoun* (1).

On sait que René Ghil avait comme un instinct, une nostalgie des contrées, des décors, des âmes de l'Orient et de l'extrême Orient, dont son œuvre est pénétrée, dont elle a en elle comme le mystère. On sait aussi que pour *Le Pantoun des Pantoun*, il

(1) *Le Pantoun des Pantoun* fut écrit en 1900-1901, après l'Exposition Universelle de Paris.

ne se contenta pas de l'intuition qu'il avait de ce peuple charmant de Java et des documents très précis qu'il possédait, mais qu'il apprit, de plus, le malais et le javanais.

Or, sa curiosité des choses de l'Inde lui fournit la plus heureuse occasion de mettre en œuvre, dans le *Pantoun*, sa théorie de l'Instrumentation verbale.

Ainsi qu'il a été dit, Socrate, Lucrèce, et parmi les modernes, Rousseau, ont reconnu le rapport naturel entre l'idée et le mot primitif, le son, le timbre des phonèmes, les éléments de la phrase rythmée, et quel lecteur attentif, habitué à analyser ses sensations, n'a pas éprouvé par lui-même quelles précieuses images présentent à notre entendement auditif et intellectuel les mots appropriés que sait choisir le poète, qui avec le timbre des voyelles et des consonnes comme avec le rythme de la phrase ou du vers, secondant le sens des mots, « imite l'essence de tout ? »

Rousseau a fait remarquer que tout peuple a la musique de sa langue, et d'aucuns, ajoute-t-il, ne peuvent avoir de musique, parce que leur langue ne possède pas d'éléments musicaux. Sous l'empire des sentiments, l'origine des langages a été phonétique. Or, nulle part mieux que dans les idiomes malaïo-javanais ne demeurent sensitivement unis le sens et les sons.

C'est de ces éléments musicaux que René Ghil a su tirer un parti merveilleux en mariant harmonieusement aux mots français de son poème des mots malais et javanais qui semblent se fondre à la phrase française et qui évoquent bien mieux les choses d'Orient que ne pourraient le faire, pour autant qu'ils existent, leurs équivalents français. La langue javanaise elle-même, — pensée, sentiment et musique, — a révélé l'âme douce, simple, naïve, — mystérieuse pourtant, et très fine, et si poétique, du peuple de Java au poète prédestiné qui, pour penser son poème, a su identifier son âme à l'âme javanaise, en adopte les diverses modalités, et, dès lors, trouve tout naturellement ses moyens d'expression, les tours de phrase gracieux, ondulants, courtois et circonspects, les mots simples et naturels, — si près encore des choses signifiées, — dont la pudeur et la noblesse natives évitent de blesser, le style délicieusement imagé, le mouvement lent et mollement cadencé qui berce voluptueusement le rêve et la douleur, tout ce qui imite jusqu'à la complète illusion la douce et mélancolique monotonie de la mélopée javanaise. Notons qu'ici encore René Ghil a fait un heureux usage des « leitmotiv » et des reprises dont il a recommandé l'emploi et qui sont, chez lui, d'un charme si puissant.

Pour communier avec le poète dans son œuvre, pour partager son amour pour l'île heureuse de Dyauwau, écoutons maintenant le poème de la petite Rong'ghèn'g, de la frêle danseuse javanaise à la peau ambrée, à l'orteil nu, qui s'en vint, en 1900, avec ses sœurs, danser le waïang sur les bords de la Seine, au pavillon des Indes Orientales de la grande Exposition, et prêter la grâce de son geste et de son sourire aux soirs féeriques du Paris d'alors, mais qui n'a vraiment dansé que pour un seul, et qui est venue vers son Touhan' (seigneur) d'Occident comme l'Arrivante d'une fine et légère prahou portant son âme, — puis, de retour dans son île lointaine et mystérieuse, se meurt d'amour et de langueur en attendant le « Touhan' doré » qui ne vient pas. Et son amour et sa plainte touchante rempliront tout le poème ; ses grands yeux noirs, où s'est amassée toute sa vie, luiront « dans le Pantoun' qui n'a vieilli » (1).

Et voici d'abord, dès le début du poème orchestré comme une composition musicale et qu'il faut lire à haute voix ou *entendre* en soi-même, — les

(1) Rong'ghèn'g : danseuse : waïang : spectacle de théâtre indien, de marionnettes, de danses suivant des rites prescrits ; Touhan' : seigneur ; prahou : barque javanaise et malaise, en général.

espaces blancs marquant les silences plus ou moins prolongés, — cette évocation si poétique de Java, où tous les mots, tous les timbres de la voix ont une âme :

Le pantoun' dit :
Par sud au droit de Sin' ghapour
par sept heures devant mon heure, au tour du temps...

Autour du monde où veille un rêve d'être ailleurs
quand des Yeux dorment, d'autres d'aurore ont pâli.

Par sept heures devant mon heure, au tour du temps
sonore vers les dagop' de Bourou-Boudhour :

Quand des Yeux dorment, d'autres d'aurore ont pâli
aussi doux que les riz tout mouillés de lueurs.

Sonore vers les dagop' de Bourou-Boudhour
il est une Ile en danse de gam' lang' tintants...

Aussi doux que les riz tout mouillés de lueurs
la terre dans le pli des Yeux a tressailli.

Il est une Ile en danse de gam' lang' tintants
mais on l'entend se lamenter d'âme d'amour :

La terre dans le pli des Yeux a tressailli
où ne peuvent mourir le Sourire et les Pleurs...

Mais on l'entend se lamenter d'âme d'amour
heurtant de gounoun' g en gounoun' g des gon' g latents !

Où ne peuvent mourir le Sourire et les Pleurs
tes Yeux luiront dans le pantoun' qui n'a vieilli... (1)

Après cette ouverture, vrai chef-d'œuvre d'orchestration verbale, dont je me garderai bien de

(1) Pantoun' : forme la plus ancienne des poèmes javanais et malais ; dagop' : sorte de petites coupoles creusées surmontant les temples ; Bourou-Boudhour : lieu de Java où existent les ruines d'un temple merveilleux et énorme ; gam' lang' : orchestre javanais et malais ; gounoun' g : montagne, volcan ; gon' g : gong.

détruire le charme par une longue et minutieuse analyse, mais où l'on entend, dès les premières mesures, les voix graves des violoncelles s'élever peu à peu, comme au sortir des limbes du sommeil et du rêve, pour préluder à l'éveil auroral des violons, puis, soudain, les sonorités des cuivres faisant surgir les sommets du Temple qui domine l'Ile, tandis que les voix veloutées des flûtes et les altos mélancoliques évoquent délicieusement la douce lumière bleuâtre qui baigne, au matin, les rizières toutes mouillées de vapeur ; après tout cet enchantement des yeux et de l'oreille, après les brefs pizzicati rappelant le bruit du gam' lang', et la longue plainte amoureuse des bois et des violons : l'arrivée à Paris, simplement indiquée, les danses, l'idylle, trop brève, hélas :

. . . .
tes Yeux luiront dans le pantoun' qui n'a vieilli
ô toi, ma Sœur-petite qui t'en vins ! Rong' ghèn' g
au menton plus suave que l'odeur d'arèn' g
et dont les doigts parlants et l'orteil nu, pareils
à des rameaux qui languiraient de lourds soleils
et d'amour ! se meurent-long des mots qu'on ne peut
dire :
mais dont les mains, les trop humaines mains
ad' ouh ! — se replièrent d'un mal doux au nœud
d'angoisse de ta poitrine ! quand, sans demains
tu vis d'un désert agrandi, petite-Sœur
le dernier soir de l'ouest te prendre en sa stupeur :
ad' ouh ! — ad' i...

Et le départ, l'arrêt inexorable du destin, mis, en quatre vers immenses, — et qui demandent une diction ralentie, — sous une image d'une somptuosité et d'une élégance de pensée tout orientales :

Et tu partis,
la petite Rong' ghèn' g qui va
puisque sur le tong' tong' le destin tape l'heure :
Dans les waulau de songe où le matshàn' demeure
les paons aimés s'envolent si le tigre est là... (1)

(1) Arèn' g : palmier, l'aréquier ; ad' ouh ! : hélas ! ; ad' i : petite sœur, ou petit frère (terme de tendresse) ; tong' tong' : instrument à taper les heures ; waulau : forêt ; matshàn' : tigre.

Plus tard, après le grand voyage à bord du beau navire-api trouant l'espace, après — de nouveau, revue avec des yeux plus graves et songeurs, — toute l'imagerie étrange de la longue traversée, et le retour à Batavia, puis au Kam' pon' g sous les mangliers noirs, le Souvenir, sourire et pleurs ; et les sœurs envieuses essayant de jeter le doute dans son cœur, mais délicieusement, — encore, — si doux et si tendre de langueur mourante, le rêve amoureux :

« ...sais-tu si, maintenant, il se souvient !... tu sais...
le Touhan' de tes Yeux pour qui seul tu dansais
et dont est triste et doux de toi, le songe... Sais-
tu ! »

Mais elles n'ont pas dans mon sourire
mis de tristesse...
Mais elles n'ont pas dans ma tristesse
mis de douleur...

D'où viennent sans qu'on les voie aller, les sangsues :
vers les rivières elles viennent des sawa.
D'où vient l'amour par des routes que tu n'as sues :
il vient des Yeux, et dans le sang des veines va !

. . . .
Vers les rivières elles viennent des sawa
et des êtres vivants aspirent la mort lente.
Il vient des Yeux, et dans le sang des veines va :
et le sang, il le mange de langueur mourante...

Et l'attente, hélas, se prolonge, et le souvenir, peu à peu, devient douloureux, se nuance d'amertume :

Autour des iles les poissons-volants
s'ils sautent, ont lui du sel de la mer :
Hélas ! les souvenirs sortis du temps
ont du temps qui les prit le goût amer... (1)

Puis c'est la Grande Fête, à Batavia ; la ville est

(1) Navire-api : bateau à vapeur, steamer (api-feu) ; kam' pong' g : village ; manglier : arbre aromatique et résineux des Indes ; sawa : rizière.

en liesse et la pauvre enfant, l'âme en deuil, guette le départ des grands bateaux qui s'en vont vers l'ouest et qui ne l'emportent plus... Et, tout de suite après, magnifiquement orchestré, le symbole de la pluie et du vent dévastant les jardins fleuris :

Le murmure du vent roulé — soumarouwoun' g —
du vent roulé parmi les plantes, parle-doux.
Mais la nuit, le vent-mêlé-de-pluie à grands trous
d'eaux, a tapé dans les plantes : ah ! ma roumah
a tressailli dans son immense et sourd oumoun' g
ainsi qu'une âme d'homme qui ne peut reprendre
haleine ! et dans mes mains ouvertes l'air était
chaud et lourd...
Et mes doigts eussent voulu s'étendre !
et, ngoun' ggout' — toun' ggout' ! et gémir à doux hoquet
le retroussis aigu de mes lèvres arides...

Lasse enfin d'avoir trop attendu, elle dépérit, elle se meurt. Elle rêve : Le Touhan' doré est venu :

. . . .
Mais il a pris ma main, et tressé
à mes doigts ses doigts dont les lianes
n'ont l'amour...

Mais non, il n'est pas là :

Filles
dont les pitiés au pli des Yeux ont tressailli
levez de mes genoux mes mains de grands malheurs
depuis que mon visage, dans la nuit, est nu
de son regard :
non, le Touhan' n'est pas venu !... (1)

Dernière et cruelle désillusion où semble s'abolir à jamais une vie... Et c'est ici qu'éclate soudain, comme un grand cri d'amour pour la Sœur-petite qui vers l'ouest s'en vint et qui se meurt de mort lente, — le finale, en majeur, que nous ne pouvons citer, faute de place, mais où résurgit,

(1) Soumarouwoun' g : murmure du vent léger et doux ; roumah (malais) : maison, dans le Kam' pou' g ; oumoun' g : bruit sourd, murmure sourd ; ngoun' ggout' - toun' ggout' : gémir, se lamenter.

triomphalement, le grand motif de l'ouverture, la promesse d'immortalité, par l'amour, dans l'Art, musique et Verbe :

> Aussi doux que les riz tout mouillés de lueurs :
> où ne peuvent mourir le Sourire et les Pleurs
> tes Yeux luiront dans le Pantoun' qui n'a vieilli !

Tel est, trop brièvement résumé, le poème d'amour tendre conçu en dehors du grand rêve cosmique qui remplit l'Œuvre-une, toute de Science-émue, poème d'amour elle-même, puisque, pour René Ghil, l'Amour, cette force immense, meut la Matière en perpétuel devenir et n'est, proprement, que la Force immanente à la Matière, la propension à l'harmonie de tous les éléments, de toutes propriétés... L'âme harmonieuse du poète n'a-t-elle pas rêvé l'unité d'un poème ému de l'amour des mondes gravitants et des atomes ? Et ce rêve, — le poète, asservissant aux exigences de son art la matière rebelle, a-t-il cessé un seul instant, au cours de sa longue carrière, d'en poursuivre la réalisation ? Effort admirable en vérité ! Dignité d'une vie entièrement vouée au travail silencieux, loin de la foule et fuyant son éphémère approbation, — longue et patiente recherche d'une perfection qui semble reculer à mesure qu'on en approche, éternel tourment de l'Artiste !

Délivrée enfin des entraves que lui imposaient les contingences, allégée de tout ce qui pouvait arrêter son essor, l'âme du poète participe désormais, dans l'illimité, à l'harmonie des sphères. Qu'elle poursuive son heureuse évolution selon les lois souveraines du Rythme universel, pour le meilleur Devenir, vers le plus de son être !

Gérard WALCH

RENÉ GHIL, POÈTE JAVANAIS

Mes yeux que le Touhan' a pris, mes yeux l'ont vu
qui lentement, dans le matin — me souriait....
qui lentement, dans le matin — me souriait :
Mais de ses yeux aussi pâlis que s'il pleurait !

René Ghil (Le Pantoun des Pantoun).

En rêve, je gravis l'escalier étroit de ce petit théâtre haut juché d'*Art et Action*. La machine à explorer le temps a fait marche arrière. La main sur les leviers luisants aux poignées d'onyx, j'ai atterri, le cœur battant. Suis-je à Montmartre en hiver, en la pluvieuse rue Lepic, ou bien le miraculeux vapeur qui s'en vient d'Iroupa m'a-t-il, vers les hauts soleils et les Orients magiques, emporté hors de la vie ? Qu'importe.... J'ai vu les poissons volants bondir dans le bleu sillage frangé d'écume de mes imaginaires départs, et la Rong'-gheng a vécu pour moi son inconsolable peine. Le rokoh à mes lèvres, je laisse, dans les volutes de la fumée légère, voler au loin mon âme, tandis qu'au plus profond de moi-même je murmure avec la danseuse nostalgique :

Yiau...
C'était Fête — hier, dans Batavia...

Java ! si proche et si lointaine, chantée par un poète français qui ne connut ses rivages que par l'extrême intuition qu'il en eut ; cette Java ghilienne, si véridique et si concrète que je la crus longtemps issue d'un souvenir précis — et irréelle à la fois au point de donner pâture à nos faims spirituelles, à la douleur inguérissable de notre âge privé de dieux, de notre âge en proie aux plus sèches, aux plus arides, aux plus perverses des folies. Je rêve de Java comme on prie... Je me réfugie en l'exil de cette île, en le miracle surprenant, insidieux, de cette évocation quasi filiale. Et je vous revois, ô mon maître, ô mon ami !

Appuyé contre le coin de votre bureau européen, le corps légèrement penché en avant, le lorgnon à vos doigts balancé, vous vous retranchez du monde des apparences. Votre voix aristocratique et grave plane dans ce salon des vendredis où glissent des fumées bleues. Et sous les noirs et drus cheveux vos yeux magnétiques scintillent, très jeunes et très fervents, au rythme enchanteur de la plainte malaise, lue aux pages d'un carnet noir.

Chansons javanaises, refrains et pantoun, fixés en la langue mystérieuse et musicale de l'île sacrée, s'ordonnent, miroitent, tournoient, tintent, s'assourdissent, s'élèvent, retombent. Et comme, ravis, nous demandons au magicien de nous donner accès à *l'esprit* de ces charmes après cette voluptueuse gourmandise de leur *lettre*, afin de revivre notre joie en la douceur familière et plus tiède à nos sens de notre langage français, les très purs poèmes dont nos nerfs, l'instant précédent, étaient tout flambés, baignent de leur arome subtil le plus intime de notre intelligence, mués en complaintes de chez nous...

Sortilège du carnet noir ! Je l'ai tenu dans mes mains pieuses depuis que le Poète n'est plus ; j'ai feuilleté ses pages et constaté qu'aucune traduction ne figurait en regard du texte original javanais. Les admirables transpositions en français qui nous donnaient l'impression d'avoir été minutieusement écrites à l'avance, avaient toujours été improvisées par René Ghil, qui se plaisait à composer directement en langue malaise ces divertissements, en marge de son œuvre.

— Il existe pourtant un poème javanais inédit

dont la traduction fut notée par le Maître lui-même. Le voici :

Baou ilang-ilang.....

Baou ilang-ilang soudah-ilang
saïa soudah mentioum sampé mati....
Dekat pelipis saïa iang tenang
pelipis-nia Nona tourout hati.

Saïa soudah mentioum sampé mati
douka dari kasih niang ta kata.
Pelipis-nia Nona tourout hati
dengan douwa niawa mendedek-lah.

Douka dari kasih niang ta kata
sepaïa sebalou diaoh dekat.
Dengan douwa niawa mendedek-lah
dahi Nona dari-mana niat.

Sepaïa sebalou diaoh dekat
pelipis-nia Nona tourout hati.
Dahi-Nona dari-mana niat
saïa soudah mentioum sampé mati....

L'odeur d'ilang-ilang.....

L'odeur d'ilang-ilang qui s'évapore
Je l'ai respirée jusqu'à mourir....
Contre ma tempe, d'un silence d'eau pleine,
La tempe de Nona au rythme de son cœur....

Je l'ai respirée jusqu'à mourir,
La douceur triste d'une tendresse qui ne parle pas.
La tempe de Nona au rythme de son cœur,
Bat du battement de deux âmes.

La douceur triste d'une tendresse qui ne parle pas,
Pour qu'elle demeure sans cesse loin et près,
Bat du battement de deux âmes
Le front de Nona d'où me vient le sort,

Pour qu'elle demeure sans cesse loin et près,
La tempe de Nona au rythme de son cœur,
Le front de Nona d'où me vient le sort.
Je l'ai respiré jusqu'à mourir....

Ajoutons encore, pour mémoire, que deux légendes javanaises, sauvées de la même façon dans leur forme française, furent publiées par la revue d'Art libre *Akademos*, le 15 août 1909.

— Cette adaptation souple et totale à l'âme énigmatique d'une race si essentiellement étrangère à notre sang, mais tant de rigueur dans la logique de ces abandons, mais ces prompts rétablissements du cœur dans sa propre tradition après tant de voltige ; ce sens du surnaturel, de l'exotique, de l'inaccoutumé, mais cette soif de mesure, mais cette grâce dansante, mais ces émois exquis et raisonnables jusqu'en l'excès même de leur déréliction — j'allais dire : cette sereine quiétude bouddhique mais cette flamme chrétienne — cette angoisse aigüe, mais cette maîtrise adorable, nous en sommes encore, et à tout jamais, les captifs éblouis.

On n'expliquerait guère pareille aventure intellectuelle, ni surtout ces réussites extraordinaires en disant : heureuse fantaisie d'un érudit. Constatez que Ghil, homme du XXe siècle, avait l'âme savante et candide d'un aède barbare. Constatez que le vêtement spirituel d'occasion dont il s'est paré à certaines heures, pour un souriant loisir, n'était ni un déguisement ni un habit d'emprunt. Son âme y déployait à l'aise une coquetterie charmante et primitive — et pourtant cette âme si étonnamment javanaise était bien de chez nous.

Car René Ghil, qui avait la passion philosophique et sentimentale de l'Orient, René Ghil dont la métaphysique était si proche des métaphysiques orientales, ne s'est jamais séparé de *la* tradition, de *sa* tradition occidentale.

Et comment l'aurait-il fait, *lui qui tirait d'elle toute son énergie divinatoire?* Lui qui puisait, dans la noire terre où dorment les aïeux, le silex efficient de l'Homme des Sorts? C'est en s'incorporant à un équilibre familier, à une tradition dont il est issu, que l'esprit accède à ce sens universel dont la poésie ghilienne est imprégnée, et qu'il devient *humain* parce qu'alors, et alors seulement, *toutes* les traditions convergent en lui : il n'est de liberté véritable et d'aisance morale qu'en la soumission à une règle stricte — cela dans tous les domaines, dans ceux du cœur comme dans ceux de la raison.

C'est donc en descendant au plus profond du domaine héréditaire que René Ghil a rencontré cet autre lui-même qui fut un poète javanais : merveilleux voyage dont il s'est grisé comme d'un féerique stupéfiant, mais au cours duquel il n'a amais cessé, sans s'en douter peut-être, de fouler la riche terre dont il était le fils.

Je me suis d'ailleurs rarement vu en présence d'un tempérament aussi nettement occidental, même en ses penchants asiatiques, que celui de René Ghil. Le Khmer, qu'il voulait être ou devenir, accueille en les mille facettes de son miroir fabuleux tous les feux qui passent. Son immobile hiératisme se délecte à ces jeux fastueux et complexes. L'eau profonde de son cœur ne connaît d'inquiétudes ou du moins ne les trahit-elle pas. A peine, parfois, des rides circulaires y accusent-elles une chute parmi l'ensoleillé silence.... Le Latin intuitif (que resta René Ghil, je le maintiens) risque dans l'espace hostile de plus prudentes antennes : il se méfie. Il aime à savourer les jeux de la lumière en leur totale splendeur ; mais il tient à conserver son indépendance, même en ce festin royal. — Tous deux sont frères par leur plaisir, leur avide nostalgie. Mais tant d'usages les séparent, à la table divine !

Que Ghil soit parvenu à une compréhension presque physique des psychologies de l'Asie comme de celles de la « Pré-Asie » slave, il n'y a rien, en cette constatation, qui puisse nous surprendre. L'assimilation du vieux fond philosophique, scientifique, artistique (religieux même, qui sait ?) de nos pays d'Ouest l'avait singulièrement préparé à cette compréhension. L'étude qu'il fit, au temps de sa jeunesse, des langues de l'Insulinde, à l'Ecole des Langues orientales, lui fut, sans conteste, un précieux apport, dont la valeur s'accrut de cette intuition prodigieuse qu'il eut toujours de la vie intérieure du verbe. Discerner les ressorts cachés de la parole, n'est-ce pas discerner en même temps les formes les plus secrètes de l'âme d'un peuple ? Peut-être aussi, quelque lointaine filiation asiatique s'est-elle superposée, en lui, à de plus récentes hérédités flamandes ou poitevines ? René Ghil aimait à le croire....

Quoi qu'il en soit, le problème : Orient et Occident, posé à propos de ce poète, ne signifie pas grand'chose. Ghil est au-dessus de semblables querelles. Son nom serait plus utilement allumé au confluent des deux races, comme un phare apaisant, comme un symbole d'interpénétration.

S'il a cru devoir, personnellement, incliner ses préférences vers l'Est, c'est qu'il exprimait, par ce choix désespéré, l'immense angoisse et la révolte où nous sommes plongés, nous, gens d'Europe, qu'une civilisation superficielle et vaine a éloignés de nos fins véritables, de nos traditions augustes, nous que le machinisme et la démagogie détournent des voies pacifiques de la spiritualité.

Puisse du moins cette pure mémoire nous réconcilier avec nous-mêmes et nous sacrer, par le précepte et par l'action, les continuateurs de la cathédrale de nos pères où notre Maître a fait jaillir, par la logique même de la vie, le parfum et la voix d'un autre univers et d'une autre tradition.

Alexis DE HOLSTEIN

RENÉ GHIL, POÈTE DES ÉCOLIERS

René Ghil, poète des écoliers ! Voilà une appellation fort imprévue pour qui ne juge l'œuvre du maître que d'après l'opinion de tels critiques qui ont dédaigneusement classé le poète parmi les écrivains hermétiques, à la syntaxe tourmentée. C'est dans la note : « où le poète luit, Zoïle étend la nuit (1) », ou bien comme le dit de Mallarmé Francis Vielé-Griffin :

Il faut...
Pour tout berger de songe, un bétail ahuri.

Pourtant, des écoliers récitent ces textes réputés abstrus et compliqués et s'enchantent de ces rythmes souverains.

*
* *

Chargé d'enseigner les rudiments aux enfants de la laïque, je ne manque pas de charmer la mémoire de mes élèves avec les textes vraiment poétiques que je recueille dans l'œuvre des poètes authentiques et non dans les manuels où n'est cultivée, selon la pensée d'Eug. Manuel — le bien nommé — « qu'une poésie de plain-pied avec beaucoup de lecteurs scolaires (2), et familiale, domestique en quelque sorte ». J'offre à ces petits de 8 et 9 ans — des poètes (3) — le trésor des aînés, trésor hélas ignoré, que je veux entasser en un

(1) Saint-Pol-Roux, dans sa boutade vengeresse « Air de trombone à coulisse », où il est encore écrit : « où chantait le poète, le critique pète ».

(2) Cela représente quelque chose qui n'a de nom dans aucune langue, dit Fagus.

(3) Des maîtres en « surréalisme ».

livre (1) afin d'enrichir et d'éblouir tous les enfants des autres écoles, privés peut-être de tels joyaux.

C'est ainsi que j'ai été conduit à solliciter quelques auteurs pour leur demander l'autorisation de reproduire leurs textes et pour les décider aussi à m'adresser quelque poème inédit accessible aux enfants et s'inspirant de la chanson populaire, source et jouvence de poésie (2).

J'écrivis à René Ghil, dont j'avais lu quelques ouvrages, grâce à mon directeur de revue, le poète et historien A. M. Gossez, l'ami au grand cœur et à la vaste bibliothèque. Des vers tels que :

> Doux de lune vont lents, les taureaux pleins de songe...

la délicieuse chanson :

> En m'en venant au tard de nuit,
> Se sont éteintes les ételles...

la berceuse :

> Il est un seul navire — et haut...

ces rythmes vifs et harmonieux me plaçaient en face d'un poète. Le Maître me complimenta de mon dessein « à apporter à ces tendres et avides sensibilités les primes vibrations d'une poésie vraie, près de ses sources de chanson populaire ». Il me demanda de lui donner une dizaine de jours pour m'envoyer ce qu'il aurait pu recueillir au long de son œuvre, s'engageant à modifier la « berceuse » pour l'adapter aux enfants et même s'il se trouve trop pauvre, à écrire un ou deux petits poèmes (3). Peu de temps après, j'eus la joie de recevoir quatre textes dont deux inédits. J'étais ravi. Je les fis lire à quelques collègues qui ont voulu d'abord comprendre, m'ont cité le vers de Boileau qui prône la raison et les remarques de La Bruyère au jeune Acis. « Comment, me

(1) *La Poèmeraie*. 1re partie : *La Souris Verte*. 2e partie : *L'arc-en-fleur*.

(2) Montaigne a écrit : la poésie populaire et purement naturelle a des naïvetés et des grâces par où elle se compare à la principale beauté de la poésie parfaite selon l'art.

(3) Lettre du 24 décembre 1924.

dirent-ils, concilier les règles pédagogiques qui recommandent la clarté, la simplicité, avec de pareils textes mystérieux et de forme barbare où est méconnu le fameux saint ordre logique : 1° sujet ; 2° verbe ; 3° attribut ou complément ? et qui d'ailleurs ne peuvent servir à l'éducation morale ?

Ce n'est pas ici le lieu de discuter ces théories que je signale pour marquer combien a faussé de jugements l'habitude de la « poésie de plain-pied » chère à Manuel et à ses frères en médiocrité. La question fort vaste englobe même les savantes controverses actuelles sur la poésie « pure ». Cependant je dois quelques explications.

Dans ma classe, j'ai banni la poésie-sermon et toutes les rimailleries à fins utilitaires. Sauf les fables, je ne fais apprendre que des textes qui ne prouvent rien, mais qui chantent. Ma leçon de récitation est d'ordre esthétique au même titre que celle de dessin et de chant. En matière d'art ne jouent pas les règles pédagogiques : se mettre à la portée des écoliers, passer du simple au complexe. Flaubert l'a dit : « On ne vulgarise pas le beau, on le dégrade ». Je ne demande pas aux enfants de comprendre tout intimement, je m'efforce de faire sentir.

J'informai René Ghil de ma méthode. Il me répondit : « j'ai relevé dans votre lettre un passage qui me plaît infiniment — et qui devrait être développé — " non nécessité que les enfants *comprennent tout* ". De belles images, et des cadences impérieuses qui les enchantent *comme une musique* sont semences en leur *inconscient* de germes *d'émotion* qui plus tard s'épanouiront. C'est ainsi, en effet, et vous le réalisez, que l'esprit de l'enfant doit entrer en contact avec la Poésie » (1).

---

(1) Lettre du 2 mars 1925. Le développement de l'idée visée dépasserait les limites de cet article. Bornons-nous à citer Anatole France : « A moins d'être très vieux, on n'a pas besoin de beaucoup comprendre pour beaucoup sentir » (*Le livre de mon ami*), et Joseph Delteil : « Un peu de naïveté vient à bout de tout », pensée qui fait écho à celle de Fagus : « Le génie est la naïveté suprême ».

Pour être sûr de ne pas trahir la pensée du Maître, car tous les commentateurs sont sacrilèges, et aussi pour mieux riposter aux critiques des contempteurs de la poésie et notamment de

...l'Universitaire
d'étroit dédain qui ne sait que le dogme...

je sollicitai de René Ghil quelques explications, révélatrices de son alchimie verbale. Avec bonne grâce, il m'adressa, pour les enfants, le commentaire qui accompagne ses poèmes. On verra (1) comme il sait parler aux petits, comment sans rien déflorer du texte, il donne « un sens aux mots de la tribu », comme il jette un pont sur le gouffre d'une ellipse, comme il remet les béquilles de la comparaison aux métaphores vertigineuses, comme il conduit aux cimes, — atteintes, par lui, d'un seul bond, — en suivant les tortueux sentiers de la syntaxe. On appréciera les variantes de la « berceuse » qui devient une pure et naïve chanson de fiancée.

Mes élèves ayant presque tous vu des bateaux de pêche, je fis aussitôt étudier le « chant du pêcheur de sardines » en procédant ainsi : Je commence par créer l'atmosphère, au moyen des leçons, causeries, exercices d'observations, d'élocution, de vocabulaire, sur les bateaux, les marins, la mer, les poissons, la pêche, les sardines, les goélands, les voyages, les naufrages, la tempête, le tout complété d'exercices de chant (le petit navire), de dessin et de travail manuel (croquis et construction de bateaux en papier et en bois). Puis j'explique les images du texte, je le fais mimer et l'on récite. Les élèves disent ensemble ; de la main ils esquissent le mât, la voile gonflée, le gréement, leurs bras écartés simulent l'envergure des goélands, ils indiquent la houle, le roulis, le tangage. Leur petite voix joyeuse, qui chantait le bateau, devient plus âpre à l'évocation du naufrage, leur poing se crispe de douleur et de désespoir et

(1) Voir les poèmes et commentaires insérés à la suite de l'article.

ils achèvent sur un ton brisé et résigné.

Le poète m'écrivit : « Je suis tout à fait charmé que, grâce à vous, ces poèmes, et déjà le « Chant du Pêcheur », passent par l'âme compréhensive et prompte à l'émerveillement de vos jeunes enfants, Ce m'est une joie, dont je vous remercie » (1).

Mes élèves placent ce morceau au premier rang, parmi les 25 autres qu'ils ont appris dans l'année. L'expérience renouvelée avec d'autres élèves dans une autre école donne déjà les mêmes résultats. J'ai cherché à connaître l'origine d'une telle séduction. Les enfants, consultés, n'ont pas su, pour la plupart, analyser leurs impressions.

— Je l'aime parce que c'est joli — parce que çà me plait — parce qu'on parle de navire — parce que çà chante.

Un élève plus âgé remarqua : parce que c'est vrai.

En réalité, le poème est bien tel : joli, plaisant, chantant, vrai, c'est-à-dire *vivant, humain*. Il plaît aux petits parce qu'il retrace une action dramatique poignante, qu'il laisse place au rêve, à l'aventure...

Tous mes enfants auraient voulu s'embarquer et faire naufrage comme Simbad le Marin ; tous « amoureux de cartes et d'estampes » rêvent d'un « horizon chimérique » où « fuir, là-bas, fuir... »

Voilà pour le fond. Quant à la forme elle est ici inséparable du sujet. C'est celle de la chanson populaire qui « suit les élisions naturelles du langage » avec les ellipses, les inversions, les assonances, consonances et allitérations, avec le refrain et surtout le *rythme*, auquel les enfants sont si sensibles, ce rythme prenant qui fait corps avec l'idée, qui donne du souffle au poème, qui emporte, grise, émeut ; cette « sorcellerie évocatoire » des mots, cette gamme de timbres, cette architecture sonore où l'image et le sentiment se confondent en synthèse d'harmonie ; cette « puissance de sugges-

(1) Lettre du 28 mars 1925.

tion, irradiant une atmosphère de compréhension magnétique et qui porte et extériorise plus que la pensée même, mais l'occulte logique du subconscient dont les millénaires ataviques nous traversent d'éclairs » (1).

Enfin, cette poésie séduit par ce « je ne sais quoi » dont parle J. Lemaître : fraîcheur, naïveté franche, ingénuité, spontanéité, absence de rhétorique et d'éloquence, rien de fade, de mièvre ni de pompeux.

J'ai montré le poème à un grand élève de 14 ans qui s'est aussitôt appliqué à faire état de ses jeunes connaissances grammaticales et littéraires. Je vois son air de surprise, j'entends sa prompte exclamation : « Mais il manque des mots !... Ce n'est pas correct... et pas très clair !... » Il ne pouvait goûter le charme d'un morceau plein de fautes à ses yeux ; il eût aimé que le pêcheur parlât comme un académicien. Bon élève, qui fait honneur à ses professeurs, oui, bon élève, mais pauvre gosse, dont la sensibilité est déjà stérilisée par les règles strictes et qui aime les classiques par persuasion. Si son bel instinct naturel se fige, il sera de ceux dont parle Gérard de Nerval, qui, pour deux ou trois consonnes singulièrement placées, abandonneront les plus gracieuses chansons au répertoire des concierges et des cuisinières. S'il ne réagit pas, la poésie l'évitera « comme l'électricité évite la soie » (2).

Presque tous les enfants sont bons conducteurs du fluide poétique. Gardons-nous de tarir le courant ; gardons-nous d'enrober leur sensibilité naturelle sous l'isolante gutta-percha des codes et des dogmes. Ecoutons les conseils d'Anatole France : « Si l'on raisonne, on ne s'envolera jamais » (3),

---

(1) René Ghil (*Vers et Prose*, 1913).

(2) Jean Cocteau (*Le secret professionnel*) qui modernise une pensée de Victor Hugo.

(3) *Vie et opinions de Jérôme Coignard.*

« un poème raisonnable ferait bâiller tous les hommes » (1).

René Ghil l'a compris, qui offre aux jeunes esprits ses poèmes inspirés des formes primitives, si doués de vie et de mouvement, par la vertu incantatoire que le rythme leur confère. Je souhaite que de tels vers chantent dans beaucoup de mémoires enfantines et fassent vibrer de mystérieuses résonances qui tinteront clair, plus tard, un hymne de beauté.

Et il m'est doux de songer que le maître, avant de mourir, a connu la plus enviée des gloires, plus belle que celle des Académies et des anthologies, la gloire d'être goûté d'enthousiasme par des petits, et comme le dit magnifiquement Saint-Pol-Roux « d'avoir son nid d'orgueil à même le cerveau des enfants..., de savoir son nom épelé, bégayé, zézayé partout où règne de l'aurore humaine » (2).

René Ghil méritait bien ce suprême hommage. Le voici classique à la lettre et ce n'est pas un des moins curieux aspects de son talent.

Que les anciens enfants, les poètes morts jeunes « à qui l'homme survit », retrouvent, s'ils le peuvent, leurs yeux de magiciens et leur tunique d'innocence, qu'ils ressuscitent leur puérilité immolée (3), et ils goûteront à leur tour l'enchantement des vers ghiliens, musicale guirlande d'images et de rythmes.

Armand GOT

---

(1) *Le livre de mon ami.*

(2) *De la colombe au corbeau par le paon.*

(3) L'homme tue l'Enfant... quand Dieu s'en est échappé (Paul Fort : *L'épopée au Luxembourg*).

LE CHANT DU PÊCHEUR DE SARDINES (1)

Le mât, la voile, et l'vent dedans !
(mon oiseau roug' mon oiseau noir)
il m'en souvient, des matins grands —
grands autant qu' l'ail' des goëlands !
où sur la mer taquine
qu'on ne peut pas savoir
nous en allions à la sardine —
mon oiseau roug', mon oiseau noir !

Le mât, la voile, et tout l'grément
(mon oiseau roug', mon oiseau noir)
le mât, la voile et tout l'grément
qui m' donnaient tant mon agrément !
la mer qu'a pas d' pitié
m' les démontait un soir :
qui n'a plus d'ail', qui n'a plus d' pied —
mon oiseau roug', mon oiseau noir !...

RENÉ GHIL

Inédit.

Commentaire

Le Pêcheur chante son Bateau — tout son avoir et toute sa joie — perdu un soir de tempête.

Il se le rappelle : comme il était beau ! le vent gonflant la voile, quand le Pêcheur prenait la mer surtout par les grands matins ; à l'aube blanchissante, où il lui semblait que la courbe encore indécise du ciel s'ouvrait comme s'élargissant du vol élevé et puissant des grands goëlands à plumage blanc et gris. — Il s'en allait sur la mer « taquine », qui est calme et quelques heures après devient agitée, inquiétante, menaçante, et dont l'on n'est jamais sûr ! Et il est vrai, cette mer « sans pitié », un soir, a fait chavirer, a détruit le Bateau.

Il était lui-même ainsi qu'un grand oiseau étrange : avec ses voiles rougeâtres qui étaient ses ailes, sa coque rouge et noire qui était son corps. Et il allait comme un oiseau sans pieds qui raserait la vague, comme le font les oiseaux de mer.

Le Poème est écrit selon le mode des vieilles chansons, en la forme populaire qui opère souvent des contractions grammaticales (exemple : « qu'a pas d' pitié », pour : « qui n'a pas de pitié ») et qui supprime souvent aussi les e muets. Avec un refrain... il est rythmé pour exprimer la rapidité légère du Bateau emporté par sa voile, et, en même temps, son balancement souple et fort sur la mer remuante.

R. G.

---

(1) En illustration de cet article, nous publions les quatre poèmes suivis de leurs commentaires, auxquels M. Armand Got fait allusion.

LA RONDE DU FILET

Maille à maille, renouant
(au travers, l'Esprit du lac
passe d'un trait !)
maille à maille renouant
mon grand Filet :
il s'épand, et sur le lac
plaque en grêlant !

Un petit, et deux petits
(et va — et vient)
poissons pris, on les a mis
(qui vient, qui veut, qui voulait !)
poissons pris, on les a mis
dans le Filet !

Deux petits, et trois petits
et tous, et tous danseront,
tête ronde et ventre rond
(qui va — qui vient)
tête ronde et ventre rond
dans le Filet :
poissons pris, tous mes petits
tout doux de lait !...

RENÉ GHIL

Extrait des **Images du Monde**.
(Tome I : 1912)

Commentaire

Ce Poème est extrait d'un livre où est dite en vers la vie des premiers hommes sur la terre. Ceux-ci, sont des Pêcheurs, et ils habitent des villages construits sur pilotis, sur des lacs. On les appelle des villages lacustres.

Les Pêcheurs sont en train de raccommoder leurs filets déchirés sur les pierres de la rivière, mais ils croient que c'est un esprit malin (comme ceux dont on parle en vos contes de Fées) qui les a déchirés pour taquiner les pauvres Pêcheurs.

Or, les Pêcheurs s'amusent. Ils prennent les petits enfants et en jouant les poussent dans les filets qu'ils balancent comme des poissons qu'ils auraient pris — comme ceux qu'ils prennent alors qu'ils jettent le filet qui s'épand large ouvert en l'air et retombe sur l'eau de la rivière avec un bruit léger de grêle.

Le Rythme exprime le mouvement de va-et-vient du filet dans lequel les hommes en riant balancent les Petits.

R. G.

PETIT PANTOUN DES DOUZE MOIS

Le tamarin léger est en aigrette :
sur l'un de ses rameaux danse un oiseau...
Sur tes épaules vont, et sur ta tête
les douze petits sauts d'un an, très haut !

Sur l'un de ses rameaux danse un oiseau —
l'âme des soleils d'or vers lui tournée...
Les douze petits sauts d'un an, très-haut !
et ta Maman qui rit à ton Année...

RENÉ GHIL

Inédit.

Commentaire

Le « Pantoun » est une forme de petit poème, très peu connue et très peu pratiquée, qui vient de la poésie malaise (à Java, au Cambodge, notamment). Il s'écrit par strophes de quatre vers. Les deux premiers ont un sens de description, les deux autres ont un sens de sentiment qui doit s'accorder avec le sens des deux premiers.

Ainsi : Un oiseau saute et danse sur les rameaux d'un tamarin (le petit arbuste que nous connaissons). Et les douze mois de l'année qu'a maintenant un petit enfant, sont comme les douze petites branches de l'arbuste, sur lesquelles l'âge du petit est monté légèrement.

L'arbuste est là, et l'oiseau : et tout près ont poussé de grands soleils, la grande fleur ainsi nommée, dont la tête, comme une belle âme ronde, pure et lumineuse, est tournée vers le tamarin. Or, regardant les douze petits sauts de l'oiseau, cette âme pure et lumineuse des soleils est vraiment comme le visage de la Maman qui sourit à son petit enfant d'un an.

R. G.

BERCEUSE D'APRÈS MIDI

..... Il est un seul navire (et, haut !
monte au haut mât d'où l'on voit tôt !)
il est un seul navire à l'eau
où mon Ami est matelot.....

Des tropiques du temps (et, haut !
monte au haut mât d'où l'on voit tôt !)
des tropiques tant loin de nous
que m'apporte mon Ami doux ?

Du soleil de la vie (et, haut !
monte au haut mât d'où l'on voit tôt !)

du soleil ton Ami t'apporte,
à en dorer toute ta porte !

Dans les palmiers d'alors (et, haut !
monte au haut mât d'où l'on voit tôt !)
dans les palmiers dans la grande île,
de soleils d'or il en est mille.

Il en est qui sont verts (et, haut !
monte au haut mât d'où l'on voit tôt !)
rouges et verts et d'autres d'or
dans la grande île vers Timor !

Il en est plein la tête (et, haut !
hisse au haut mât le long drapeau !)
et plein les yeux de ton Ami
dont tu plaignis le lointain sort...

RENÉ GHIL

Extrait de l'**Ordre altruiste**.
(Edition 1909).

Commentaire

Une maman berce, par un après-midi d'été, son petit enfant lent à s'endormir.

Et, tout doucement, elle chante en même temps une chanson à bercer écrite aussi selon le mode populaire. Dans la chanson, c'est un Matelot, parti depuis longtemps sur un grand vaisseau qui fait le tour du monde, qui maintenant revient. Sa fiancée demande ce qu'il lui rapporte ? Il rapporte du soleil, c'est-à-dire de la Joie de vivre, de tous les merveilleux Pays qu'il a visités.

Il a plein la tête de tous les soleils de ces contrées lointaines, au-delà des tropiques « les tropiques du temps », dit la chanson, voulant exprimer par là l'immensité du monde et la longueur du temps sur la mer, où les points de repère sont les Tropiques, limitant la zone torride. Ainsi qu'en les chansons populaires, les lieux géographiques sont vagues, mais il est mention de l'Ile de Timor, qui est située à l'Est des Iles de la Sonde.

Et le Matelot se rappelle les iles, les palmiers, les plantes inconnues, les gros fruits ronds qui étaient aussi comme des soleils de toutes couleurs à travers les grandes ramures. Et le voici qui aperçoit le port : car, comme le dit le refrain, il est monté en haut du grand mât, pour voir plus tôt la terre et le port.

Le Rythme du poème, très lent, donne le mouvement régulier du Berceau, qui va et vient sous la main de la Maman.

R. G.

RENÉ GHIL INTIME

Aux amis du vendredi soir, René Ghil ouvrait lui-même la porte de son appartement, sis 16 bis rue Lauriston, au 4e étage, sur la cour. « Escalier du fond », précisait la concierge.

« Mes vendredis m'étaient personnels, qui, depuis 1885, ont vu passer tour à tour quasi toutes les neuves sincérités à la recherche de soi-même et non du succès, les survenants représentants de l'attentive élite étrangère, et en ont retenu de précieuses amitiés de tous âges, solides et claires » (1).

L'antichambre assez étroite engloutissait manteaux et chapeaux, et l'on pénétrait dans le salon-cabinet de travail où Madame Ghil vous accueillait. Atmosphère simple et d'amitié vraie, mais qu'on sentait tout de suite d'une qualité raffinée.

Pour ceux qui aimèrent ces réunions intimes du vendredi et celles, plus importantes, du dernier dimanche du mois, j'en évoquerai ici le décor : fenêtre tendue de larges rideaux gris à fleurs bleues et roses, table de travail avec le paquet des dernières lettres reçues, le tabac, les cigarettes, quelques cailloux, la lampe coiffée d'un abat-jour bleu ; à droite de la table, un beau bahut-bibliothèque avec glace, à gauche un fauteuil. Au milieu de la pièce, une petite table surchargée de revues et de livres nouveaux, des sièges, au fond un divan, enfin une bibliothèque légère surmontée du buste de René Ghil, par Loutchansky. Il faut se souvenir aussi de la précieuse table basse incrustée de nacre où fumaient les tasses de thé sur un large plateau marocain.

---

(1) *Les Dates et les Œuvres*, par René Ghil. Editions Crès et Cie.

Aux murs, une aquarelle de Marcel Roche, une eau-forte de Gromaire, une écharpe javanaise au-dessus de la glace, une étoffe hindoue, des batiks, et surtout deux poupées javanaises dont Madame Ghil, souriante, montrait les mécanismes secrets. La salle-à-manger contenait un buffet à vitraux faisant face à une chaise-longue, puis une panne-tière, une petite idole noire, le portrait de René Ghil par Marcel Lenoir, des dessins de Stoppelaere et de Gromaire.

C'est là que vécut, dans la paix d'un travail constant, celui à qui nous dédions aujourd'hui notre souvenir.

Comment apparaissait-il à qui venait le visiter ? Sans tarder, il vous dévouait son attention où n'entrait ni affectation de politesse, ni condescendance, ni curiosité vaine. C'était une attention minutieuse, mais soutenue par une gentillesse du regard, des gestes, de la voix, de l'attitude entière, qui donnait confiance. Il savait écouter en mettant tout son esprit à votre disposition, en vous donnant l'a muette assurance qu'il était prêt à vous suivre dans toutes les régions de votre âme, si vous l'y autorisiez, car il était la discrétion même.

Aux instants de conversation générale, il avait l'oreille à tous les propos mais parlait peu, préférant approuver de la tête et sourire, et avec malice, et sans méchanceté, mais on devinait les adhésions, les restrictions ou les rejets qui s'inscrivaient dans ces sourires-là.

« George Bonnamour notant ainsi avec quelque malice amie mon habitude souriante de tenir pour vains tout impromptu, toute discussion d'art, et de rester à l'écart... Parti-pris de quasi mutisme et de non-lutte en pareille occurrence, qui me valut en ce temps un amusant mot d'étonnement de J. H. Rosny :

— Qui est donc celui-ci ? demanda-t-il à Bonnamour à l'issue d'un de nos Jeudis.

— C'est René Ghil.

— Ah !... c'est curieux : il n'en a pas l'air... » (1)

Mais, si l'on sollicitait de lui, dans l'intimité, un jugement sur un écrivain ou sur quelque école littéraire, il se révélait d'une fine et avertie perspicacité, il situait exactement les œuvres, d'un mot indiquait leur vertu ou leur secrète tare. D'ailleurs, les plus récents mouvements le trouvaient attentif, et je l'entends encore me confier combien le surréalisme, quand on n'en était point dupe (et il montrait délicatement qu'il ne l'était pas), recélait en ses profondeurs de possibilités neuves, d'étranges et subtils miroirs pour notre esprit. Et cela l'amena à développer ses idées sur le rôle de l'intuition dans la genèse du poème, rôle considérable et mystérieux, mais où la Raison conserve un souverain droit de regard.

Sur le symbolisme, sur le vers-libre, sur Verlaine et sur Mallarmé, que de vues ! Mais son œuvre qui l'occupait sourdement, son œuvre en perpétuelle gestation, il n'y faisait guère allusion.

Lui, au moins, détenteur d'une vérité poétique qu'il s'était fabriquée, robuste et sereine, il ne quémandait point d'encouragements ! Quel exemple, le silencieux et très volontaire labeur de ce poète qui sut recréer en un langage plein de saisissantes résonances et parfois d'exquises souplesses, le vieux songe des hommes en marche vers leur destin !

... Allons, d'autres mieux que moi disent ici son art et son influence. Je n'ai mission que d'évoquer René Ghil intime...

Un soir, on lui demande de réciter sa « Danse aux violons », son « Chant du batelier », et le voici debout, le lorgnon aux doigts. Il a les épaules solides, les cheveux noirs et fournis, du plaisir aux yeux ; discrète mais marquée, la cadence du pied soutient la voix musicale, et les mots prennent leur vie, et l'arabesque s'inscrit. Le poème éteint,

---

(1) *Les Dates et les Œuvres.*

chacun se sent en état de grâce. Mais le voilà mis en goût, il ferme son livre et propose de lire des vers de Georges Fourest. Charmants et cocasses dans leur solennité, ils font rire, et lorsque René Ghil prononce :

« Et pas de René Ghil, ça me f..... mal aux dents », il s'arrête soudain pour essuyer des larmes de joie.

Il y eut aussi des récitations de poèmes de Mallarmé où l'on entendit « Brise marine », « Le cygne », d'autres...

Un dimanche, ceux qui avaient collaboré à un « Hommage à René Ghil », plaquette tirée à petit nombre et que motiva son 60ᵉ anniversaire, lurent les poèmes qu'ils lui avaient dédiés. Je revois la modestie émue de son maintien devant cette affectueuse démarche d'admiration où il trouvait la preuve que sa philosophie, la haute qualité de son lyrisme, ses théories poétiques avaient rejoint de nombreuses sensibilités.

Comme il était loin, alors, du seuil de la vieillesse, comme sa vie semblait un bloc sans fêlure !

..... A présent, il n'y a dans l'appartement de la rue Lauriston que deuil et souvenir. René Ghil si plein d'harmonieuse santé, comment l'imaginer mort ? Comment croire que le chant n'habite plus cette tête, que l'idée n'y déroule plus ses longs méandres passionnants, que l'image ne s'y allume plus ? C'est dans l'été de 1925, à Melle, que la mort le frôla, c'est le 15 septembre de la même année qu'il expira, non sans que celle qui le pleure aujourd'hui l'eût farouchement défendu contre le destin.

Avant d'être enfermé dans la nuit, le visage de René Ghil fut voilé d'une légère écharpe aux vives couleurs, qu'il aimait. Son corps repose en un gentil cimetière, sous des arbres, sous des fleurs, bien serré par cette terre qu'il appelait « Mon Poitou ».

René **MORAND**

L'ISOLEMENT DE RENÉ GHIL

Les historiens littéraires diront par quoi il tint à son temps : c'est leur métier, et il n'en est point de sot. Mais il faut avouer que trop souvent les historiens littéraires confondent l'être avec son cordon ombilical. Qu'importe cette amarre natale, quand l'être a conquis l'autonomie ? Et ce qui frappe le plus chez un Ghil, n'est-ce pas l'indépendance acharnée ? Ce paradoxe même s'avère : c'est qu'il emprunta surtout à son temps les armes pour lui échapper.

Ce fut bien, en effet, un des traits de l'époque symboliste, cette angoisse de perfection et d'expression rare, cette passion de musique verbale, cet impératif d'ériger une langue d'art hors de la langue vulgaire. Mais précisément dans cette langue abstruse qu'il se créa, selon les vœux de son temps, Ghil trouva le plus altier rempart d'isolement. Cet isolement, il le voulut dès l'abord, et c'est pourquoi il renia très tôt, non peut-être sans quelque outrance, le symbolisme dont il est issu.

Dès lors, il se veut seul magnifiquement dans l'inflexible orgueil d'une droiture obstinée. Son obstination dans la voie systématiquement rigide élue au premier jour n'allait pas sans danger. Car toute fidélité à un système multiplie et démesure l'erreur du système en même temps que sa vertu. Mais une telle obstination pouvait seule conditionner une construction solide et une. Dans l'époque où sévit l'œuvre-affiche, l'impromptu désarticulé, l'instantané électrique et épileptique, Ghil sut opposer l'Œuvre qui est œuvre d'une vie, l'architecture patiente et charpentée selon un plan solide et tenace, et selon une conscience d'ouvrier.

De conscience d'abord est son isolement ; de probité dédaigneuse à l'égard de toute gloire prostituée. Il est encore de volonté et d'entêtement. Mais tout au fond il procède de ce tempérament même qui nourrit l'œuvre entière, de ce suc riche et dense et tropical, si étranger à ce pays et à ce temps, si énormément exotique.

L'isolement de Ghil n'est point la tour d'ivoire. Parmi les jeux alexandrins et décadents d'un Occident morbide, Ghil impose une santé de primitif, en qui tout le tourment moderne retentit plus sonore et plus sérieux. Point tour d'ivoire, mais tour de granit, monument monolithe et fermé qui se dresse dans l'époque comme un contemporain des origines et un hanté des cosmogonies premières. Ce temple massé à la gloire de la Science et de l'Humain est grand d'on ne sait quelles résonances occultes, quelles présences de divinités animales et millénaires.

Je la vois, cette Œuvre, se haussant face au désert, en forme de quelque monument d'Egypte, très haut et tragiquement seul, hermétique et hiératique, ardu d'hiéroglyphes, évocateur nostalgique et dur de lointains empires grandioses et de sourdes puissances cosmiques.

Cela est unique et ne se laisse point classer. Quelqu'un demandait l'autre jour si l'avenir classerait Ghil parmi les grands écrivains français : la question est mal posée. Ou alors il faudrait répondre : ni écrivain, ni français ; grand, sûrement.

L. CHARLES-BAUDOUIN

RENÉ GHIL AU "SUBLET"

René Ghil possédait à Melle, dans la vallée de la Béronne, une vaste maison bourgeoise, "Le Sublet", assise à flanc de coteau. Quelques tilleuls encadrent le perron. A droite du seuil, vers Brioux, un bois touffu étend ses ombres, à gauche une allée conduisant au portail d'entrée longe la voie ferrée de Niort à Ruffec. Sur le versant du coteau opposé Melle étage ses maisons et ses rues, ses monuments, ses églises et ses jardins. Comme la petite ville dont parle La Bruyère qui paraissait « peinte sur le penchant de la colline », elle apparaît toute entière déployée en amphithéâtre et comme usée par la poussière des siècles.

Voici, tout au sommet, les tourelles pointues du palais de justice, ancien hôtel de Menoc. Auprès d'elles, découpée sur le ciel, la lourde tour romane de St-Savinien. En bas, auprès du cours d'eau, s'allonge la vaste abside de St-Hilaire autre Eglise Romane, d'un style si fier et, vers le Nord, émergeant de frondaisons compactes, le clocher de St-Pierre garde l'entrée du val de St-Thibaud.

C'est dans ce paysage attachant et paisible que Ghil venait vivre de juin à octobre ; y travaillant plus que jamais à l'achèvement de l'Œuvre. Dans ses courts instants de délassement il s'intéressait aux travaux rustiques. On sait comment il a décrit, après les mœurs des grandes villes, la vie des campagnes et je songe, par exemple, à cette page émouvante où il nous a montré l'aïeule vaillante agonisant dans la maison silencieuse pendant que bat, à grand bruit, dans la cour de la ferme, un manège à bœufs tel qu'on en voit en Poitou...

Ghil ne travaillait pas dans sa demeure où trop d'importuns sans doute seraient venus le distraire. Au bout du jardin, la chambre d'un pavillon isolé servait de refuge au poète. C'est là que j'allais souvent lui rendre visite, sûr de le trouver à toute heure du jour.

La pièce, blanchie à la chaux, avait un aspect de cellule. Ghil y avait simplement tendu quelques étoffes javanaises dont il admirait tant la trame parfaite, les dessins ingénieux aux fines couleurs. Devant une table en bois blanc, placée près de la fenêtre, il voyait, quand il levait les yeux, la vallée et les verts coteaux. Près de l'encrier était posé un bouquet de fleurs des champs et, pendant que nous causions, un malicieux petit chat que Ghil adorait jouait avec les feuillets épars.

Que d'heures exquises ai-je passé là, tandis que flamboyait au dehors le chaud soleil d'été !

Assis, les jambes croisées, sur une chaise de paille, la tête appuyée souvent sur sa main droite, Ghil me contait des souvenirs de son enthousiaste jeunesse. Il me disait la croisade symboliste, l'amour de l'Idéal qui animait à cette époque tant de ses amis... Puis il m'entretenait des choses actuelles ; de ses craintes, de ses espoirs. Parfois, quittant son lorgnon qu'il se mettait à balancer de sa main gauche, il me lisait quelque nouveau fragment de l'Œuvre qu'il poursuivait inlassablement. Sa voix, au timbre si doux, prenait des inflexions chantantes, métalliques, et c'était l'évocation soudaine de mystérieuses visions d'Orient, la puissante synthèse rythmée des origines du monde.

Puis, avec une bonhomie charmante, il m'interrogeait sur mes travaux. Sachant combien j'aimais son pays, il me posait mille questions affectueuses sur certains points d'histoire locale que je me plaisais à lui soumettre. J'entends encore son rire d'enfant au récit de quelque aventure, de quelque plaisant usage d'autrefois.

Car cet homme, quoi qu'on ait pu prétendre, ne vivait pas confiné dans son Œuvre et ne répudiait pas l'héritage du passé. Je l'ai entendu discourir avec beaucoup de bon sens sur nos grands classiques. Il savait tout comprendre et tout admirer.

On éprouvait à le fréquenter un immense enrichissement spirituel, et cet artiste profond et subtil, que tout semblait devoir isoler du commun des hommes, montrait, dans la vie courante, une simplicité touchante, une émouvante et délicate bonté.

A Melle, où il ne faisait d'ailleurs que de rares apparitions, Ghil se montrait amène avec tous ; attentif du reste aux petits événements de la cité. Mais il ne s'attardait pas dans les rues du bourg et regagnait bientôt la chère maison où l'attendaient sa mère, si robuste encore, et la compagne admirable qui fut, jusqu'au bout, sa joie et son soutien. Ici, mieux encore peut-être qu'ailleurs, il jouissait de leur présence. Ici surtout il se sentait chez lui.

Sans doute, au cours de sa carrière si féconde, il connut à

Paris les satisfactions les plus hautes ; l'encens de la gloire, l'ardeur de la lutte, le réconfort de solides amitiés, les affectueux propos de ses disciples. Mais je me plais à penser que jamais peut-être il ne fut plus heureux que dans ce coin de vieille province française, sous ce ciel tendre et changeant du Poitou, devant cet horizon de bois et de collines où il goûta, dans leur plénitude, le bonheur du foyer et l'indicible ivresse d'écrire et de créer.

Pierre VIGUIÉ

A RENÉ GHIL

SOUVENIRS D'UNE COLLABORATION ET D'UNE TRÈS GRANDE AMITIÉ

J'ai fait la connaissance de René Ghil en 1909. Pour une étude sur Mallarmé certains renseignements m'étaient nécessaires ; par l'intermédiaire du Dr L. j'ai demandé un rendez-vous au poète René Ghil.

J'allais à ce rendez-vous non sans quelque appréhension. Symboliste dans mes sympathies et hostile au rationalisme de Ghil, j'avais peur de me trouver en présence d'un sectaire arrogant. J'ai été vite rassurée par l'accueil affable de cet homme d'aspect énergique et intelligent, sans la moindre pose, d'une noblesse naturelle. Sa demeure, aussi simple que lui, rassurait déjà ; — pas de décor savamment disposé pour suggérer que le visiteur est reçu par un grand écrivain : un petit salon net, ordonné, quelques livres, aucun manuscrit sur la table à écrire. Je me suis sentie à l'aise. Dix minutes après mon arrivée nous parlions de Mallarmé presque comme de vieux camarades.

Depuis, nous nous sommes vus constamment. C'était d'abord une amitié personnelle, en dehors de tout intérêt professionnel, de toute doctrine littéraire ou philosophique.

M. et Mme Ghil venaient chez moi tous les samedis et c'est chez moi qu'ils ont connu quelques écrivains russes, entre autres le poète Volochine et notre grand Balmont ensuite. René Ghil, ce cher et grand ami, avait un don de plaire que beaucoup d'hommes du monde auraient pu lui envier. Il n'était pas causeur, mais il savait créer un lien de sympathie avec chaque personne qu'il approchait. On lui était reconnaissant de savoir écouter. Il écoutait tout avec une attention apparente qui m'étonnait. Il riait de bon cœur aux paradoxes affolants de Volochine, il ne bronchait pas quand un étranger lui demandait à brûle-pourpoint si les poètes français s'enivrent comme ceux de son pays... Il répondait sérieusement : « Oh, quelquefois ». Je me demandais souvent si cette attitude bienveillante envers tous et tout provenait d'une bonté d'âme ou d'un mépris souverain pour la faiblesse et la bêtise humaines dont le beau poète avait sondé le tréfonds depuis longtemps. Je ne le sais pas encore, mais je crois que cette bienveillance était comme innée. Ce n'était pas une politesse, encore moins une faiblesse, car Ghil était combatif; — quand il fallait lutter pour un principe ou juger un acte répréhensible, il était intransigeant et parfois dur. Il se peut que la vie quotidienne ne l'empoignât pas, qu'il vécut trop dans le monde abstrait que son imagination avait créé... Malgré cette indifférence, son cœur était resté des plus tendres. Il aimait les siens, ses amis; il aimait tendrement les bêtes. Quand un malheur frappait un ami, personne ne savait témoigner tant de consolante sympathie que lui. La mort de son chat Koutching lui avait inspiré un poème touchant.

***

Je sentais en lui un très grand poète, mais sa doctrine de la poésie scientifique me paraissait fausse, je pensais même que c'était une entrave à son talent. Je ne l'ai jamais dit à Ghil : sa conception, résultat de longues méditations, était inébranlable.

Le point de départ de la conception de Ghil sur ce qu'il a voulu appeler « la poésie scientifique » contenait une grande vérité. Comme bien d'autres poètes de génie, il voulait s'affranchir du lyrisme individualiste, élargir son œuvre de plus en plus et arriver à embrasser l'universel, faire vibrer dans son âme le rythme du monde, exprimer par sa pensée le principe de l'univers. En ceci l'humanité ne nous a-t-elle pas donné d'exemples, disait Ghil, dans les grandes œuvres de l'antiquité : *la Bible, les Védas,* etc. Le génie humain s'inspirait alors de la foi ; de nos jours c'est la science qui remplace les religions, ce n'est qu'elle qui peut inspirer le poète moderne. Mais Ghil oubliait que dans l'antiquité les religions étaient pour les hommes des vérités absolues et immuables, tandis qu'il n'y a rien de moins immuable que la science. Pour un savant la science n'est pas la vérité, mais une recherche perpétuelle de vérités qui fuient devant l'effort humain pour les connaître. Si l'on fait abstraction du mot « scientifique » attaché à la poésie et qu'on dise « poésie philosophique », tout devient admissible et, de plus, on comprendra mieux la tentative de notre poète et les difficultés qui s'y attachaient. Ainsi on reprochait à mon cher grand ami, — non sans raison, — l'obscurité de son style ; or la langue de Ghil devait exprimer l'inexprimable, comment lui demander d'être claire ? Aucun poète qui abandonne le terrain du lyrisme individuel, ou le réalisme, n'est clair. Qu'on se souvienne du *Sordello* de Browning, de certains poèmes de Shelley, de Mallarmé enfin. La seconde partie de *Faust* est-elle claire ? et la *Tempête* de Shakespeare est-elle transparente ?

***

C'est pendant la publication des *Ecrits pour l'Art* (deuxième série) que des rapports intellectuels intimes se sont établis entre nous. M. Jean Royère a raconté dans le *Mercure de France* l'histoire de cette revue. Je voudrais dire que je garde précieusement le souvenir de cette époque, de

Ghil et des personnes qui entouraient alors Jean Royère et Ghil. Il y avait une atmosphère de cordialité et de confiance mutuelle, la conviction de travailler en commun à une œuvre belle et utile ; il n'y avait ni gloriole ridicule, ni esprit de rivalité. Grâce à un goût sûr, M. Royère comme Ghil jugeaient les copies qu'on leur confiait avec une grande tolérance, en dehors de toute théorie esthétique préconçue. Du reste, les deux directeurs n'avaient pas les mêmes idées sur la poésie, ce qui n'empêchait pas Ghil d'avoir une très haute opinion du talent de M. Royère. Mon très cher ami était une sensitive, — toute beauté le séduisait.

C'est à ce moment que nous avons commencé notre collaboration comme traducteurs des auteurs russes.

Ghil voulait faire connaître en France quelques poètes de mon pays. Il demanda conseil à Volochine et à moi, et nous avons nommé Balmont, que nous considérions à raison comme le plus grand poète russe contemporain. Ghil me chargea de choisir les poèmes à traduire, et c'était une tâche très difficile... L'œuvre de Balmont est immense, deux langues ne se superposent jamais, Ghil était un connaisseur fin ; il fallait, par conséquent, prendre des poèmes qu'on peut traduire sans trahir et satisfaire le goût du poète. « Choisissez quelque chose de large, disait Ghil, et ne pensez qu'à la beauté de la pièce ». Le choix était fait. « Traduction exacte, recommandait Ghil, en prose naturellement, en prose rythmée ».

J'ai fait un mot à mot, en « petit nègre », imaginant que la traduction, mise au point par Ghil, serait ainsi plus fidèle au texte. Cette méthode de travail n'allait pas à Ghil. Il me priait tout d'abord de lui lire le poème russe à haute voix, tandis qu'il battait la mesure de la main comme un chef d'orchestre, puis il commençait à se débattre avec le mot à mot stupide, incompréhensible. J'ai dû, en sa présence, mettre le « petit nègre » en français. J'ai accepté cette méthode de travail avec plaisir, et depuis nous avons travaillé ensemble souvent et beaucoup.

Dès le début de notre collaboration, Ghil m'émerveillait par sa faculté de comprendre à fond un poète d'une langue dont il ne connaissait pas un seul mot. Rien ne lui échappait, aucun des mots qui rendent une image plus rare ou une nuance de sentiment. Balmont aimait lire à ses amis l'*Angoisse des steppes*, en russe d'abord, en français ensuite, tellement la traduction correspondait au texte. Quand un mot paraissait intraduisible, c'était de longues discussions ; Ghil demandait quelle était la racine du mot et cherchait, parfois longtemps, dans son vaste dictionnaire de mots français, le mot juste. Il interdisait les néologismes et les mots trop rares ; il disait que dans son œuvre il dirait ceci ou cela, mais que dans la traduction il fallait s'en tenir au français classique. On nous a reproché les multiples inversions dans nos traductions, mais sans se rendre compte qu'elles étaient souvent indispensables pour conserver le rythme des poèmes russes.

Et quelle absence d'ostentation chez ce grand connaisseur de la langue française, cet écrivain rompu à toutes les difficultés du métier : — il me demandait conseil, il insistait pour que la dernière retouche d'une traduction fut faite par moi... Sans ombre de mécontentement, il supportait critiques et observations. Que de joie quand un vers, après maintes retouches, prenait « une tournure satisfaisante ! » Il le relisait à haute voix, toujours en battant la mesure, et disait : « Maintenant ça va — c'est ça ».

Cet effort incessant pour arriver à une perfection possible provenait seulement de l'admiration pour l'auteur qu'on traduisait. Il prenait à cœur chaque imperfection d'un vers, il ne voulait faire ressortir que les qualités de l'auteur. Si quelques vers d'un poème lui semblaient faibles ou mauvais, il hochait la tête et chagriné répétait : « Non, non ! ce n'est pas ça. Pourquoi ? » Alors il n'y avait rien à faire. Il fallait choisir un autre poème, mais le Maître n'était pas consolé, et d'une voix triste continuait à dire : « Non, non ! ce n'est pas ça », et parfois ajoutait avec quelque colère : « On ne peut pas..., ce n'est pas possible !... au moins en français ».

Après les *Quelques poèmes* de Balmont nous avons traduit les cinq contes populaires de Pouchkine. Ce travail était fait avec amour. Ghil admirait notre poète national sans réserve. Mais ce qui lui a fait le plus grand plaisir, ce sont les véritables contes populaires du recueil d'Atonassief qui doivent paraître chez Povolotzky. En les lisant ou en les écoutant lire par moi, il riait comme un enfant. « Je m'amuse follement », disait-il.

*
* *

Tel était cet homme exceptionnel, d'une vaste intelligence, d'un très grand talent, d'une grande bonté, cet ami sûr, ce critique indulgent pour les autres, rigidement sévère pour soi-même, l'écrivain d'une sensibilité exceptionnelle.

Ce n'est pas à moi de le juger comme poète français, d'autres plus compétents l'ont fait — et le feront encore — avec plus d'autorité.

Il n'est plus. Nous ne verrons plus son sourire affable ; nous n'entendrons plus lire de sa belle voix les œuvres des jeunes poètes dans le petit salon de la rue Lauriston... Il laisse un grand héritage littéraire : l'Œuvre, à laquelle il a consacré toute sa vie. J'ose affirmer que des générations de poètes français trouveront dans cette œuvre un grand enseignement. Une place d'honneur dans les lettres françaises lui est acquise — c'est entendu. Mais il faut savoir apprécier Ghil comme homme de lettres. La littérature était pour lui un sacerdoce. Dès le début de sa carrière, il avait renoncé à Satan et à ses pompes, le succès facile y compris. Sa vie était un sacrifice perpétuel à sa conception de l'Art, de fidélité à un principe une fois conçu et accepté. Dans notre temps troublé, où les jeunes écrivains sont condamnés à travailler pour vivre, y a-t-il beaucoup de personnalités littéraires ayant une telle conscience de la gravité de leur vocation ? Et pourtant, sans cette conscience, les talents même considérables peuvent se laisser étouffer par les exigences bruyantes de la vie.

Alexandra de HOLSTEIN

ADIEU A RENÉ GHIL

Ce « revoir à l'automne », que me souhaitait si gentiment René Ghil dans sa dernière lettre, n'aura pas lieu... Ah ! quel regret amer eut alourdi la fuite des heures si une telle conscience avait pu traverser mon esprit et que les destins sont sages en se cachant de nous. Mais la mort qui pense triompher du poète se trompe, car en elle et par elle, le poète, hélas, loin de ses amitiés les plus fidèles, commence une vie nouvelle, mêlé enfin à ce chœur de gloire que les siècles, sans doute, multiplient, mais par lequel, alors qu'ils ont eux-mêmes passé, ils ne cessent d'accompagner les vivants et de leur fournir réconforts ou exemples.

Cette assurance d'une telle vie demeure la consolation la plus proche du cœur et de l'esprit, auprès de la tombe toute neuve de René Ghil, parce qu'il est de ceux que la mort ne vainc qu'en apparence. Ce sont les raisons que je découvre, à une vie telle, dans son souvenir et dans son œuvre, que je veux me redire à moi-même, en espérant que ma peine en sera moins lourde, et que mon regret, un instant, s'en trouvera assagi.

Or, la tâche est d'autant plus aisée que peu de poètes plus que René Ghil ont pris le soin de définir leur pensée et leur effort. Il suffit de se reporter à un de ses volumes : *De la Poésie scientifique* ou *La Tradition de Poésie scientifique*, pour s'assurer de ce qu'il a voulu faire comme de ce que presque chacun lui doit. Le Temps l'avait fait naître parmi les aînés de cette génération littéraire qui devait s'illustrer sous le nom de symboliste, et la Nature, en le créant merveilleusement doué pour la spéculation et pour l'expression des vastes émotions métaphysiques, devait lui donner le goût du symbole. Il fréquenta chez Mallarmé, sa Revue, les *Ecrits pour l'Art,* groupa les plus brillants parmi les symbolistes et cependant il n'aimait point que l'on parlât de Symbolisme, à son propos. Je viens de relire une longue lettre en laquelle il me précise son attitude vis-à-vis du symbolisme et me rappelle que ce serait une erreur fondamentale et même simplement historique de vouloir mêler en quoi que ce soit le symbolisme et la poésie scientifique. C'est que, assez vite, il faut le reconnaître et sauf chez ses plus grands poètes, un Verhaeren, un Vielé-Griffin surtout, le symbolisme substitua à cet idéalisme objectif qui est son fondement éternel et naturel, l'idéalisme subjectif, qui est tout le contraire et qui condamne le poète qu'il a nourri à ce seul mode d'expression du moi, que René Ghil, si grand et si généreux de pensée et de cœur, ne pouvait s'empêcher de mépriser un peu.

Il voulait et a tâché que sa poésie soit de la métaphysique émue. Comme les grands poètes de la plus vieille littérature grecque, il a donné à cet effort tous ses soins. René Ghil est donc, par la métaphysique émue, un poète scientifique à la manière de Pythagore ou d'Empèdocle plus qu'à celle de l'Abbé Delile ou même de Sully Prudhomme qui s'intéressa à ses premiers essais, devinant un don poétique large et profond. Nul poète, en aucun temps sauf peut-être au nôtre, n'eut songé faire grief à un poète d'avoir mis ce don poétique au service de ce qu'il y a de plus humain dans l'homme et dans la poésie.

Tout jeune, il avait voulu prendre connaissance des dernières découvertes de la science et de la pensée. Son choix s'était porté sur la philosophie évolutive, et tel était, quoiqu'en ait pu écrire Rémy de Gourmont, son droit. N'y a-t-il pas, au reste, dans toute décision intellectuelle, une part si profonde de tempérament que le choix en est comme fatal. En fait, René Ghil, par tempérament, était optimiste, mais, comme Shelley, comme Vielé-Griffin, comme Verhaeren, sur la poésie duquel il eut une influence certaine et probablement définitive, mais à travers ce pessimisme actif, l'une des plus nobles et des plus généreuses attitudes du poète ou de l'homme. Une œuvre immense conçue, on dirait, dans un éclair créateur, et nous savons que Goethe conçut son Faust dans un éclair semblable, occupa uniquement et entièrement la vie de René Ghil. Y a t-il plus splendide tâche ? Pour ma part je ne le crois pas.

Œuvre grave, difficile, nous dira-t-on, par son sujet et à la fois par sa forme, car René Ghil avait basé ses recherches d'art verbal, comme sa pensée, sur des données scientifiques. Eh bien, qu'importe ? Le poète doit-il s'abaisser au niveau de son public ou appeler son public à son niveau propre ? D'ailleurs, il n'est aucun besoin de connaître la thèse du rythme évoluant ou la doctrine de l'instrumentation verbale, pour s'abandonner au charme réellement enchanteur de tel fragment ou de tels vers de René Ghil, quand le poète croit que son idéal lui permet de s'abandonner librement à son génie. L'homme que tente un haut sommet, songe-t-il à maudire les murailles de rochers qui le guident et le dominent. Il sait le beau ciel pur au-dessus de sa tête, et il va, heureux d'apercevoir de temps à autre un reflet de ce ciel, sur les marbres où il se mire. Il est rare, très rare, que nous ne trouvions pas dans une page quelconque de René Ghil des reflets tels et qui seraient suffisants à fonder la gloire durable d'un vrai, d'un grand et d'un pur poète. Quelle magnifique anthologie à l'usage de tous ne pourrait-on extraire de cette œuvre si vaste. Mais elle ne serait pas conforme au désir du poète et je comprends qu'il en soit ainsi, car l'anthologie doit se créer d'elle-même à la lecture, quand involontairement le souvenir se reporte à telle ligne, que tel vers chante obstinément et que l'on ne sait plus bien si le poète vit de votre vie ou si vous vivez de la sienne.

Grandeur du sujet, grandeur de la poésie, je crois que la grandeur fut et restera la vertu de René Ghil, vertu qui de plus en plus tendait à l'isoler de son époque pour le rapprocher de ce chœur incomparable dont je parlais. A ce miroitement, à cet éparpillement, à cet étincellement, mais aussi à cette sécheresse qui caractérise le temps présent, l'œuvre et la personne de René Ghil s'affirmait un blâme. Sans doute sa belle et, quoiqu'on pense, souple intelligence lui permettait de comprendre ceux-là qui œuvraient très loin ou même à l'inverse de lui. On sentait un peu qu'il appréciait, tout en jugeant avec indulgence, car, suprême abnégation, il ne semblait pas songer que les règles qu'il s'était choisies dussent être les règles mêmes de tous les poètes. Tout effort généreux, toute tentative désintéressée, tout idéal élevé, recevait son assentiment ou son encouragement. Cet homme, que l'on devinait fort d'un juste orgueil pour lui-même et pour tout ce qui lui était cher, était le moins vaniteux des poètes. N'a-t-il pas publiquement confessé, qu'ayant souhaité tout jeune de créer une matière poétique nouvelle et des outils poétiques nouveaux, « parfois sa main avait été malhabile et que parfois il avait été trahi par les deux en un si vaste plan. » Une telle humilité n'est-elle pas le signe, non seulement d'un bel orgueil, mais comme je viens de le dire, d'un orgueil juste ?

Ces qualités si élevées du poète se trahissaient enfin dès l'accueil si cordial et si franc de l'homme. Je ne pense pas qu'aucun de ces jeunes gens qui eurent l'honneur et le bonheur de passer avec lui quelques heures, rue Lauriston, aient gardé une impression différente de la mienne. Tout d'abord, son aspect de jeunesse frappait, puis on s'abandonnait au charme d'une causerie qui, peu à peu, s'élevait jusqu'aux grands problèmes de pensée et d'art, cependant qu'un beau regard sombre vous enveloppait de sa profondeur attentive. C'est ainsi que m'apparut René Ghil, voilà dix ans bientôt, et le souvenir me reste aussi net et aussi vivant qu'au sortir de cette première entrevue, qu'avait suscité, tout à fait par hasard, une thèse sur l'audition colorée, sujet qui toujours avait passionné René Ghil et sur lequel il avait fondé pour une bonne part sa théorie de l'instrumentation verbale. De temps à autre une missive couverte d'une écriture très fine, très complexe, très ornée, très élégante aussi, m'apportait des nouvelles, me remerciait d'un poème, éclaircissait pour moi un point de littérature, ou me souhaitait un proche revoir. Et René Ghil devait en agir ainsi avec beaucoup d'autres jeunes hommes, car on retrouvait toujours, rue Lauriston, un cercle accueillant, intéressant, choisi. Je ne puis oublier que j'ai noué là l'une de mes meilleures amitiés.

A l'étranger, le prestige de René Ghil n'avait jamais cessé de s'étendre et de s'accroître. Il arrivait rue Lauriston, au poète, des admirateurs des pays les plus divers, et du plus lointain Orient même, qu'il aimait pour son Mystère à coup sûr, mais aussi pour sa grâce sérieuse, pour son attitude méditative, touchant les grands problèmes que les hommes d'Occident délaissent de plus en plus au profit d'une action que les sages d'Asie ont certes raison de mépriser pour elle-même et pour ses conséquences, plus dangereuses encore. Pour ma part, j'avais été heureux que l'occasion d'une enquête me permit de nommer René Ghil au nombre des six poètes qui honorent, par dessus tout, notre actuelle littérature.

Car les modes passent, notre folie d'intellectualisme passera, comme a passé ce que le romantisme portait en lui de morbide ou de désordonné, ce que le parnasse avait apporté de raideur dans l'expression des sentiments ou de la pensée de l'homme, ce qu'un symbolisme, souvent mal interprété intentionnellement, avait laissé supposer de trop facile ou de trop personnel. Mais les grands problèmes restent les mêmes, sur lesquels l'homme se penche, par le cœur et l'esprit du poète, avec la même avidité. Aussi sais-je que René Ghil demeurera l'un de ces textes, que l'on feuillète d'une main fiévreuse, et que l'on referme le cœur et l'esprit plus apaisés. N'a-t-il pas avant tout réalisé le souhait de Pindare, en ne répandant le trouble que sa grande âme avait dû connaître et ressentir? Une couronne d'admiration et d'amitiés, la fidélité et la tendresse auront été la récompense du poète vivant. Et le haut exemple d'une vaste tâche accomplie sans faiblesse reste la gloire du poète, comme l'écrivit Mallarmé :

Tel qu'en lui-même enfin, l'éternité le change....

Jean de COURS

KINAH
POUR LA MORT DE RENÉ GHIL

Lamentation sur un mode prophétique

Hoï ! le Ménasséah' est mort ! Hoï ! sa guittith est brisée !

Romps une corde de ton kinnor, Kehath, fils de Lévi
Et déchire ton vêtement pour le deuil de ton ami
Les dix mois du deuil prescrit pour le poète René Ghil.

Il est mort, le Ménasséah', le chantre à la voix rythmante !
Nous n'entendrons plus son chant d'or qui maîtrisait la pensée,
Jamais plus le son d'or de sa guittith à présent brisée.

Futurs ! Vous célébrerez le poète en vos jugements,
Le créateur de paroles longues pour le cœur pensant
Le souffleur de dires ovalaires pour l'esprit pulsant.

Mais nul que son geste ait accueilli n'oubliera ses égards
Nul qui sincère l'ait approché n'oubliera son regard :
Ce sourire attentif tout luisant de géniale amitié.

Hoï ! Hoya sur nous parce que le Ménasséah' est mort !

Comment ce guibbor est-il tombé ? Quel effort l'a vaincu ?
Comment put-il être renversé le lion chevelu ?
Quelle foudre invisible et sans fracas l'a donc terrassé ! (1)

---

(1) Kinah : complainte. Ménasséa : chef des chantres dans la maîtrise du Temple de Jérusalem. Guibbor : vaillant, héros, homme fort.

La force et la splendeur du Bahour étaient encor sur lui
Jusques au passer de la soixantième année de son âge.
Et sa tempe était pure ainsi que la tempe d'une vierge.

Ni les frivolités brillantes de Paris fol et sage,
Ni la faveur des puissants que l'on brigue en se méprisant,
Ni les grisantes flatteries de la langue juvénile
Ne l'avaient longtemps séduit du lent labour de son partage
Où, parmi les sévérités de la loi qu'il s'était faite
Il épousait, par éclairs, son seul azur, ses joies d'élite !

Nord qui l'avez vu naître et Poitou qui l'avez vu mourir,
Et vous qu'il chérissait molles collines d'Ile de France,
Dites comment fut déconcerté par l'ange sans visage
Le hardi musicien, le héros du parler doux et rond.

Hoï ! sur le Ménasséah' mort ! Hoï pour sa guittith brisée !

Emules d'Assaph et vous, descendants des fils de Korah,
Toucheurs du kittar, des néguinoth ou de la schéminith,
Elevez la voix et pleurez sur la mort de René Ghil !
Elevez la voix et pleurez en hommes sur ce psalmiste
Qui créait sa musique et son verbe et vous y contraignait.
Elevez la voix et pleurez sur son Œuvre inachevée !
Elevez la voix et chantez un schir pour l'un de vos maîtres.

Toi, Kehath, fils de Lévi et vous Séfira sa choisie,
Vous, Biddy-Lilian, leur fille, comme une harpe vivante,
Doucement, sans élever la voix, vous pleurerez l'ami.

Le Ménasséah' est mort mais sa guittith quoique brisée
On ne sait quel autre poète l'a prise, on ne le sait !

Voici la Kinah pour les dix mois du deuil de René Ghil. (1)

Sadia LÉVY

---

(1) Bahour : jeune noble. Schir : cantique. Guittith, Kinnor, Kittar, Néguinoth, Schéminith : instruments de musique.

LA PRESSE

ET LA MORT DE RENÉ GHIL

JOURNAUX

. . . .

« Peu de vies littéraires offrent l'exemple d'une telle honnête rectitude, d'un pareil respect de soi-même.

L'Œuvre de René Ghil procédait d'un plan depuis longtemps conçu et ne s'en écartait pas. La forme qu'il avait créée était pour le public difficilement compréhensible, mais un rythme extraordinaire l'animait. René Ghil n'a jamais sali sa plume ; il n'est jamais descendu du monde qu'il s'était formé ; il n'a jamais accepté de compromission pour obtenir le succès. »

(L'Intransigeant, 18 septembre 1925. Les Treize).

. . . .

« Avec lui disparaît une des figures les plus représentatives du symbolisme, encore qu'à une certaine époque il se fût séparé des poètes de cette école, afin d'accomplir seul, et avec plus de liberté, une œuvre où il portait à leurs conséquences rigoureuses les principes du symbole « personnel et intérieur » tel que Mallarmé l'avait conçu.

Cette œuvre, dont la forme est faite pour surprendre les profanes, comporte, entre autres volumes : *Dire du Mieux*, *Pantoun des Pantoun*, *l'Ordre Altruiste*, etc... René Ghil y avait consacré toute sa vie, qui, dévouée tout entière à son idéal, fut pleine de dignité ».

(Le Figaro, 18 septembre 1925. Les Alguazils).

. . . .

« La mort subite de M. René Ghil a provoqué dans le monde des lettres une vive émotion. Sa fin prématurée laisse un grand vide et d'unanimes regrets, car le poète comptait des admirateurs fervents et n'avait pas un seul ennemi. Son attitude fut toute de noblesse et de conviction ardentes. Ayant, tout jeune encore, défini sa doctrine, il y resta pendant toute sa vie, obstinément, intraitablement fidèle. »

(Comœdia, 18 septembre 1925. L. G. F.).

. . . .

« Idée et style, il avait préconisé une méthode qui ne fut pas sans influence sur le mouvement des lettres. Son *Traité du Verbe* avait suscité d'ardentes polémiques. Il laisse une œuvre très personnelle répandue dans de nombreux ouvrages ».

(Le Temps, 20 septembre 1925).

. . . .

« Verlaine et Mallarmé l'honorèrent de leur amitié. Verlaine voyait en lui le premier ou l'un des tout premiers des jeunes poètes (de sa génération), en tout état de cause, le plus affirmé d'entre eux, le plus en dehors..., décadent ou symboliste, n'importe...

. . . .

L'homme appartenait à l'école de Mallarmé ; courtois, distingué, sans haine et sans reproche, il représentait bien à nos yeux, comme à ceux de Verlaine, par l'exemple et par le précepte, le bon ouvrier en vers ».

(Le Journal, 24 septembre 1925. Le Chat).

. . . .

« René Ghil restera comme un type caractéristique de cette génération de 1885 qui en compte de si attachants. L'historiographe de cette période littéraire devra lui faire une place — une place que d'autres, plus connus du grand public, pourraient lui envier ».

(L'Illustration, 26 septembre 1925.
Paul-Emile Cadilhac).

. . . .

« Mais ce qui le séparait d'eux (des décadents), c'est l'idée très haute, l'idée redoutable qu'il se faisait de la mission du poète. Il le voulait prophète, créateur d'idéals nouveaux. Comme Moïse, le poète conduisait les peuples vers la Terre Promise. Et cette mission sacrée, il n'admettait pas qu'on pût la déserter pour compter publiquement les pulsations de son pauvre cœur, pleurer sur des amours brisées, ou confier à la foule, en des vers plus ou moins sonores, le secret de ses joies ou de ses douleurs ».

(Le Mémorial des Deux-Sèvres, 25 octobre 1925.
Jacques Renaud).

. . . .

« Son *Œuvre* est une épopée, l'épopée grandiloquente de l'évolution humaine, l'évolution gigantesque des mondes, et le poète pour chanter l'Universelle genèse s'est créé une langue incomparablement puissante et cette merveilleuse harmonie faite pour exprimer les actes des hommes primitifs.

Lisez son *Dire du Mieux*, son *Meilleur Devenir*, lisez surtout le *Pas Humain* et le *Toit des Hommes*. C'est beau comme un paysage de Gauguin et quand pour le mieux dilecter vous aurez relu le « chant de la hache », ouvrez les *Images du Monde !* Quel émerveillement ! Vous croyez vraiment vivre un moment inoubliable de l'antiquité lointaine : ses vers multisonnants en d'étranges dessins de rimes et d'allitérations, ses images de feu, sa langue chargée d'anomatopées vous ont transporté dans le décor de rêve des temps préhistoriques.

. . . .

On ne retrouve pas dans les livres qui suivent le *Geste Ingénu* (son premier livre) cette obscurité qui peut-être vous effare un peu, sa conception poétique atteint des sommets plus clairs, elle gagne en lumière, en largesse, en harmonie.

Mais si, pour en saisir l'exquise et presque miraculeuse beauté, l'initiation patiente se requiert, s'il faut, comme l'exprimait lui-même René Ghil, « des sens nouveaux », votre étonnement s'élèvera en une admiration joyeuse à lire son savant petit livre : *La Poésie scientifique*.

Il n'est pas un poète qui ne devrait y méditer la pensée vivante de René Ghil sur l'essence du rythme et de l'harmonie verbale. Cet ouvrage reste, dans l'intense production littéraire d'aujourd'hui, un de ceux qui s'imposent à l'histoire de la poésie contemporaine ».

(Liège, 20 février 1926. Emile Dantinne).

REVUES

« ..... Ce théoricien du transformisme positiviste, peut-être était-il notre dernier poète mystique.....

. . . .

Celui qui a célébré l'univers « en éternel devenir », qui a voulu montrer en une vaste épopée cosmique quelles lois unissent et ordonnent les éléments appelés à constituer la somme d'un monde ayant enfin pris conscience de lui-même, cet homme, ingénûment téméraire, avait consacré sa vie à une tâche qui ne lui semblait point surhumaine, soulevé qu'il était par une foi sincère : il se voulait, en quelque sorte, le chef d'orchestre d'une grande tragédie lyrique, dont les chœurs seraient chantés par la biologie, l'histoire, l'éthique, la philosophie, l'esthétique, la collectivité sociale, au moyen de correspondances sonores savamment combinées et aptes à exprimer la synthèse cosmogonique de la matière et de la vie universelle ».

(Journal Littéraire, 26 septembre 1925.
Florian Parmentier).

. . . .

« C'était un mystique de l'art, et qui eut pu reprendre pour son compte les paroles de Stello de Vigny : « Je crois en moi, parce que je sens au fond de mon cœur une puissance secrète, invincible et indéfinissable, toute pareille à un pressentiment de l'avenir et à une révélation des causes mystérieuses du temps présent ». De fait, il avait la haute ambition d'écrire un grand poème intuitif comparable aux Pourana indous, et qui fut en même temps que le livre de Beauté le livre de Sagesse où les initiés eussent puisé toute science et toute connaissance.

Il tendait, devant sa pensée, nourrie de la doctrine évolutionniste de Darwin et même de Haeckel, un voile de ténèbres, en disciple de Mallarmé, mais en reprochant à Mallarmé de n'avoir rien mis derrière son voile impénétrable. Pour René Ghil, le poète n'avait point pour rôle de fixer de misérables peines d'amour ou le détail de quelque désenchantement moral. Il se proposait un enseignement sublime, réservé, dans son essence, à une élite ».

(La Vie, 15 octobre 1925. John Charpentier).

. . . .

« René Ghil appartenait depuis quarante ans à la poésie française, et son influence, au cours d'un tel laps de temps, ne peut être contestée. C'est un créateur de rythmes et d'idées, un poète doublé d'un esthéticien, l'un et l'autre de grand ordre. Poète, il l'est magnifiquement. On peut dire de lui, comme Verlaine du Moyen Age, qu'il est « énorme et délicat » ! Il faudra le mettre sur le plan, dans notre tradition latine, de Lucrèce. N'est-il pas le seul auteur, à notre époque, d'une sorte de *De natura rerum ?* L'ampleur de son épopée étale la puissance de son imagination. Son œuvre une est vaste et complexe comme le devenir qu'elle chante. Mais l'imagination créatrice, don théologal de Ghil, ne doit pas faire négliger les autres aspects de son talent : Ghil est aussi un poète élégiaque, délicieux et suave, intense et pur. Enfin, c'est un mystique, et sa ferveur est celle d'un inspiré, en dépit de son scientifisme un peu provocant !

Maintenant le poète, chez René Ghil, comme chez Mallarmé, se double d'un théoricien. Il croit à la nécessité d'une doctrine et d'une méthode et c'est par là qu'il s'avère, dès ses débuts, chef d'école. Car tous les théoriciens le deviennent, même sans le vouloir ! Celui-là énonce des dogmes ; et il régente, non sans despotisme, la matière et la forme de la poésie.

. . . .

Sa tâche suffisait au poète. Il n'a jamais cherché la gloire et n'a pas exploité jadis le succès de son *Traité du Verbe.* Il connaît une sérénité, une quiétude quasi surnaturelle. Il vit dans le rythme, donc en Dieu. Sa ferveur poétique est une théologie. Que lui importe l'opinion vulgaire ! René Ghil n'avait aucune vanité.

Sa foi en lui même n'est que mysticité. Nous sommes en présence d'un orgueil immobile et qui nimbe. »

(Mercure de France, 1er novembre 1925.
Jean Royère).

. . . .

« L'œuvre de René Ghil a laissé sa marque dans la poésie française et, maintenant, même ceux qui l'ignorent en subissent inconsciemment l'influence. C'est comme une hérédité physiologique ».

(Mercure de France, 1er novembre 1925. R. de Bury).

. . . .

« Le poète s'étant soustrait à tout souvenir littéraire, s'est placé face au monde en son attitude de métaphysicien, et qui saurait à peu près tout ce que peut apprendre la science d'aujourd'hui. Il semble que René Ghil s'était donné pour but la tâche de matérialiser pour nous l'universel. But orgueilleux et dont j'ignore s'il estima jamais qu'il approcha. Mais but digne de tenter un poète qui part d'une base scientifique ainsi que d'un tremplin pour accrocher si possible de nouvelles intuitions. Car, il faut le dire, la science, qui lui a tant servi — il se laissa même appeler poète scientifique — n'a jamais paralysé l'intuition chez René Ghil. Elle a, j'en suis convaincu, augmenté au contraire le prodigieux sens divinatoire dont il était doué. Et il est même probable que l'« instrumentation verbale » est née chez Ghil de la compénétration de son souci incessant de conserver une base expérimentale, et du nombre remarquable de corrélations qu'il discernait constamment. Et c'est ainsi que pour transcrire sa vision ample, il en serait arrivé à créer sa langue — ce, par une construction de la phrase, un choix de mots et même de syllabes, dépouillant la phrase de son vêtement syntaxique, ainsi que le mot de son sens habituel ou littéraire, — et tendant ainsi à les laisser nous apparaître dotés d'un sens neuf, créés ou recréés d'après, souvent, leur seule logique phonique, ou plus souvent encore leur sens primitif, non pas étymologique, mais d'évocation.

Ne nous étonnons donc pas que l'on ait crié à l'abscons et au barbare. Abscons, non pas pourtant ou pas plus que le Rimbaud des *Saisons en Enfer*. Barbare, certes, mais dont la brutalité même pourrait infuser à notre art de blasés quelque santé et quelque force ».

. . . .

(Le Monde Nouveau, novembre 1925.
Marcello-Fabri).

. . . .

« René Ghil a connu la joie pure d'être poète. Tout tourné vers la réalisation de son œuvre, il ne songea jamais qu'à arriver à l'expression la plus parfaite du grand rêve cosmique qu'il portait en lui.

Point de concession ni à la facilité, ni à la mode. Quel exemple donné à tous ceux de la littérature et du journalisme ! Il se tint à l'écart du tréteau, aimé et admiré seulement d'une élite.

Cet éloignement et cette allure hautaine (moralement) et surtout cette non concession à la facilité littéraire ont desservi René Ghil.

Son œuvre cependant est une de celles qu'il faudra avoir lues pour connaître une des phases les plus intéressantes de la poésie moderne.

René Ghil est parmi les grands précurseurs du Verbe ».

(Montparnasse, janvier 1926. Paul Husson).

LA PRESSE ÉTRANGÈRE

La mort de René Ghil a donné lieu à des articles dans les principaux journaux et revues étrangers et notamment dans :

La Semaine littéraire (Genève, 26 septembre 1925), — *Le Canada* (Montréal, 16 octobre 1925), — *Il Dario* (Buenos-Aires, 21 octobre 1925, — *Privar* (journal arménien de Paris, octobre 1925), — *Nor Lour* (Constantinople, octobre 1925), — *La Renaissance russe* (Paris, novembre 1925), — *Les Dernières nouvelles* (quotidien russe. Paris, 10 décembre 1925), — *Feuillets littéraires* (par Constantin Balmont), — *Gochnak* (hebdomadaire arménien de New-York. Article de Zabel Essaïan. Janvier 1926), etc., etc...

BIBLIOGRAPHIE

VERS

LÉGENDE D'AMES ET DE SANGS [un vol. in-16. Paris, Frinzine et Cie, 1885].

L'ŒUVRE

1re Partie : Dire du Mieux (1)

Livre I. — **Le Meilleur Devenir** [un vol. in-12 ; suivi de : *Le Geste Ingénu.* Paris, 1889 (2) — un vol. in-18 ; suivi de : *Le Geste Ingénu.* Paris, Messein, 1905 (3)].

Livre II. — **Le Geste Ingénu** [édition d'essai ; un vol in-18. Paris, Vanier, 1887 — un vol. in-12 ; précédé de : *Le Meilleur Devenir.* Paris, 1889 (2) — un vol. in-18 ; précédé de : *Le Meilleur Devenir.* Paris, Messein, 1905 (3)].

Livre III. — **Le Vœu de Vivre** [trois vol. in-12. Paris, 1891, 1892, 1893 (2) — Tomes I et II, 2 vol. in-18. Paris, Messein, 1906 (3)].

Livre IV. — **L'Ordre Altruiste** [trois vol. in-12. Paris, 1894, 1895, 1897 (2) — un vol. in-18. Paris, Messein, 1909 (3)].

2me Partie : Dire des Sangs

Livre I. — **Le Pas Humain** [un vol. in-12. Edit. du *Mercure de France.* Paris, 1898].

Livre II. — **Le Toit des Hommes** [un vol. in-12. Edit. du *Mercure de France.* Paris, 1901].

Livre III. — **Les Images du Monde** [Tome I, un vol. in-18. Paris, Figuière et Cie, 1912. — Tome II, un vol. in-18. Paris, Figuière et Cie, 1920].

Livre IV. — **Les Images de l'Homme** [un vol. in-18, à paraître en 1926, chez Messein].

3me Partie : Dire de la Loi (4)

Livre I. — **Le Dieu qui Détruit** [ouvrage faisant partie du plan de l'Œuvre et n'ayant pas été réalisé].

Livre II. — **Les Lois et les Rites** [id.].

LE PANTOUN DES PANTOUN. Poème javanais, suivi d'un lexique. Un vol. in-8. Paris et Batavia, 1902 (2).

A LA MÉMOIRE DE HÉLÈNE-ALICE THIBAULT. Une plaquette hors commerce. Paris, 1920.

---

(1) La première partie de l'Œuvre comporta primitivement 5 livres. Le troisième : *La Preuve Egoïste* (un vol. in-12. Paris, 1890) fut supprimé par René Ghil.

(2) Paru sans nom d'éditeur.

(3) Nouvelle édition entièrement remaniée et augmentée annulant toutes les éditions antérieures.

(4) Cette troisième partie n'a pas été réalisée.

PROSE

LE TRAITÉ DU VERBE [Un vol. in-16 (avant-dire de Stéphane Mallarmé). Paris, Giraud, 1886. — Edition revue et augmentée, un vol. in-8. Paris, Alcan Lévy, 1887. — Edition revue et complétée avec portrait, un vol. in-8. Deman, Bruxelles, 1888].

EN MÉTHODE A L'ŒUVRE [Livre préface. Edition nouvelle du *Traité du Verbe* avec portrait, un vol. in-12. Paris, 1891. — Nouvelle édition revue et augmentée avec portrait, un vol. in-18. Paris, Messein, 1904].

DE LA POÉSIE SCIENTIFIQUE [Commentaire de l'*En Méthode à l'Œuvre*. Un vol. in-18. Paris, Gastin-Serge, 1909].

LA TRADITION DE POÉSIE SCIENTIFIQUE [Un vol. in-12. Paris, Société littéraire de France, 1920].

LES DATES ET LES ŒUVRES [Symbolisme et Poésie scientifique. Un vol. in-18. Paris, Crès et Cie, 1923].

TRADUCTIONS

[en collaboration avec **Madame A. de Holstein**]

Pouchkine : **Contes populaires russes** [Illustrations de Jean Lebedeff. Société littéraire de France].

Constantin Balmont : **Quelques poèmes** [un vol. Paris, Crès, 1916].

Contes populaires russes du recueil d'Aphonassieff [demeuré en préparation].

Ilia Mouranetz d'après les Bylines Russes [en manuscrit].

Deux poèmes de Constantin Balmont [Les *Ecrits pour l'Art*, 2e série, n° 10, décembre 1905].

POÉSIES MISES EN MUSIQUE

Glose à l'Air nuptial [Musique de V. Emm. C. Lombardi].

Les Etelles [Musique de Roger Pénau].

RÉCITATIONS, CONFÉRENCES, THÉATRE

Madame Wilma Knapp a dit des poèmes de René Ghil : à l'inauguration du monument à Camoëns, le 13 juin 1912 (*Poème à la gloire de Camoëns*), aux matinées poétiques du Théâtre Antoine en 1913, au

Théâtre du Vieux Colombier, au Salon d'Automne de 1913, au Théâtre Idéaliste en 1914.

Parmi l'Œuvre de René Ghil, soirée au Théâtre d'Art et Action, le 11 février 1922 (Interprètes : Mmes Lara, A. Viala, Bourgeot, M. Lestringuez).

René Ghil et la Poésie scientifique au Mardi poétique du Caméléon, soirée du 12 décembre 1922 (Conférence de Paul Jamati. Récitation de poèmes par Mmes Lara, A. Viala, M. Lestringuez).

Le Pantoun des Pantoun, adaptation à la scène, au Théâtre d'Art et Action, le 14 février 1925 (Conférence de Noël Bureau. Illustration animée de A. Viala. Interprètes : Mmes Lara, Garcia, Marcelle Fargue, M. Hadji Stéphan).

Aux Archives de la Parole a la Sorbonne a été enregistré phonographiquement, le 16 décembre 1913, sous la direction de M. Ferdinand Brunot, le *Chant dans l'Espace*, poème de René Ghil, dit par l'auteur.

COLLABORATIONS

René Ghil a collaboré au *Décadent*, à la *Décadence* (1886), à la *Pléiade* (1re série), au *Scapin*, à *Akademos*, à la *Vogue* (1re série, 1886), à la *Wallonie* (1885, 88 et 89), à la *Revue Indépendante* (4e série, 1889), à l'*Art Littéraire* (1894), à la *Question Sociale* (1897), à *Messidor* (1907), au *Beffroi*, aux *Bandeaux d'Or*, aux *Cahiers Idéalistes*, à la *Vie*, à la *Revue de l'Epoque* (1920-1922), à *Rythme et Synthèse* (depuis 1919).

René Ghil a dirigé les *Ecrits pour l'Art* de 1887 à 1893, et fait reparaître, sous la direction de Jean Royère, les *Ecrits pour l'Art*, 2e série (1905-1906).

En Russie, René Ghil a, de 1904 à 1908, fait la critique littéraire française dans *Viessy* (La Balance), revue russe éditée à Moscou. Il a collaboré également à *Apollon*, revue russe éditée à Saint-Pétersbourg, en 1910, et fut chargé de la rédaction d'un numéro français de cette revue (numéro qui réunit dans son sommaire les noms de : Paul Adam, A. de Holstein, Louis Laloy, J. L. Charpentier, Marius-Ary Leblond et René Ghil).

ICONOGRAPHIE

Luque : Portrait-charge, dans les *Hommes d'Aujourd'hui*, n° 338 (Paris, Vanier).

Robuchon : Portrait à la plume, 1893 (reproduit dans le *Courrier français* du 15 janvier 1893).

Couturier : Portrait à la plume, 1895 (reproduit dans le *Don Juan*, octobre 1895).

E. Vallotton : Masque, dans le Deuxième Livre des Masques (Paris, Mercure de France, 1898).

F. Vezzani : Peinture, 1899 (appartient à Mme René Ghil).

Marcel Lenoir : Portrait fusain, 1907 (appartient à Mme René Ghil).

J. Loutchansky : Buste, 1914 (appartient à Mme René Ghil).

Galien : Portrait (bois gravé).

Choumoff : Photos d'art.

A CONSULTER

Paul Verlaine : René Ghil, *les Hommes d'Aujourd'hui*, n° 338 (Paris, Vanier, éditeur).

Emile Verhaeren : Articles (*Art Moderne*, 5 décembre 1886 et 24 avril 1887).

Jules Tellier : Nos Poètes (Paris, Desprel, 1888, in-18).

Jules Huret : Enquête sur l'évolution littéraire (Paris, Charpentier, 1891).

G. et J. Couturat : René Ghil (*Revue Indépendante*, août 1891).

Marcel Batilliat : René Ghil (*Avant-Garde de Tarbes*, 23 septembre, 10 et 22 octobre et 20 novembre 1891).

Bulletin des écoliers de Montpellier : René Ghil (Mai 1891).

Gaston et Jules Couturat : René Ghil et la Poésie scientifique (*Revue Indépendante*, novembre 1892).

Charles Saunier : René Ghil. Portraits du prochain siècle (Paris, Girard, 1894).

Ch. Savarit : René Ghil (*La Renaissance*, 7 avril 1896).

E. Strauss : René Ghil (*La Critique*, 5 avril 1896).

R. de Gourmont : Le Deuxième Livre des Masques (Paris, Mercure de France, 1898).

Gossez : Poètes du Nord, 1880-1902. Morceaux choisis (Paris, Ollendorf, 1902, in-18).

René Ghil : Discours prononcé au Congrès des Poètes. *Bulletin du Congrès* (Paris, 1901).

Marius-Ary Leblond : La Poésie scientifique (*Revue des Revues*, décembre 1904).

Antony Lange : Le Pantoun des Pantoun, avec traduction (Atênéum, Varsovie, 1904).

Gaston Moreilhon : Un livre de René Ghil (*Ecrits pour l'Art*, nouvelles séries, juin 1905).

Laurence Gérold : Un livre de M. John Davidson. Un poète scientifique anglais en 1905 (*Ecrits pour l'Art*, nouvelles séries, janvier 1906).

Ch. Snabilié : Un poète Javanais en France (Sémarang-Courant, Java, 18 mars 1903).

F. Prick van Welly : Java dans la Poésie française (Bataviaasch Nieuwsblad, 21 mars 1903).

Van Bever et Paul Léautaud : Poètes d'Aujourd'hui (Mercure de France, 1900).

Zabel Essaïan : Une philosophie évolutive (Dzaghig, Constantinople, mars 1904).

Valère Broussov : Etude avec portraits et autographes (Viessy, *La Balance*, Moscou, 1904).

Georges Le Cardonnel et Ch. Vellay : La Littérature contemporaine 1905 (Paris, Mercure de France, 1906, in-18).

Emile Michelet : René Ghil, Méthode évolutive instrumentale (*Revue indépendante*, mai 1889).

T. S. Perry : The latest literary fashion in France (*The Cosmopolitan*, New-York, juillet 1892).

G. Moch : Le calcul et la réalisation des auditions colorées (*Revue Scientifique*, 20 août 1898).

Walch : Poètes français contemporains (Delagrave, 1907).

J. L. Charpentier : René Ghil (étude). Toutes les Lyres (Gastein-Serge, 1909).

Florian Parmentier : Histoire contemporaine des Lettres françaises (Figuière, 1914).

Gaston Moreilhon : René Ghil (*La Vie*).

C. A. Fusil : La Poésie Scientifique. Thèse de doctorat ès lettres (Edition scientifique, 1918).

Marcello-Fabri : René Ghil (*Revue de l'Epoque*, juin 1920).

Marie-Antoinette Chaix : Correspondance des Arts dans la Poésie contemporaine. Thèse de doctorat de l'Université de Paris (Alcan, 1920).

Armen Ohanian : Les poètes russes dans la tourmente (*Revue de l'Epoque*, mai 1922).

Paul Jamati : « La Tradition de Poésie Scientifique » (*La Vie des Lettres*, février 1922).

Gaston Moreilhon : Lamartine poète social (*Revue de l'Epoque*, janvier 1922).

Georges Jamati : L'enseignement de M. René Ghil (*Rythme et Synthèse*, n° 29).

Hommage à René Ghil pour sa soixantième année par huit poètes et trois dessinateurs (Éditions *Rythme et Synthèse*, septembre 1922. Grand in-8).

Afredo Mori : René Ghil (*Giornale de Poësia*, 30 juin 1923).

Wahram Sévouni : La Poésie Scientifique ou René Ghil (*Revue Haï Guine*, Constantinople, 7 juillet 1924).

Noël Bureau : Le Pantoun des Pantoun, conférence prononcée lors de l'adaptation à la scène du Pantoun des Pantoun au Théâtre d'Art et Action, 14 février 1925 (*Rythme et Synthèse*, n° 53).

Gabriel Brunet : « Les Dates et les Œuvres » (*La Vie des Lettres*, n° 17).

Georges Valois : D'un siècle à l'autre (Paris, 1925).

TABLE DES MATIÈRES

Le Gérant : E. Goussard

Imprimerie GOUSSARD. — Melle (2-Sèvres)

IL A ÉTÉ TIRÉ DE CE NUMÉRO SPÉCIAL :

10 exemplaires sur hollande, hors commerce.

60 exemplaires sur vergé alfa, à 10 francs.

1.000 exemplaires sur vélin bouffant, à 5 francs.

www.ingramcontent.com/pod-product-compliance
Ingram Content Group UK Ltd.
Pitfield, Milton Keynes, MK11 3LW, UK
UKHW020557180726
13838UKWH00001B/297